隐秘的世界

青少年自创文化符号的道德引导

马川·著

复旦大學出版社

本书为 2018 年上海市社会科学规划中青班专项课题"青少年自创文化符号的道德引导研究"最终成果

目录

引言 ·· 1

第一章　符号、游戏与意义 ································ 3
 第一节　符号：关于意义的理论 ······················ 3
 第二节　游戏：被低估的价值 ························ 13
 第三节　游戏对青少年健康成长的意义 ············ 25

第二章　从发展心理学的最新理论看青少年发展 ········ 29
 第一节　文化发展心理学与青少年发展 ············ 29
 第二节　动态系统理论认识下的青少年发展 ······ 43
 第三节　人的潜能发展观与青少年的发展 ········· 49

第三章　青少年自创文化符号的实例及其规律初探 ······ 58
 第一节　青少年自创文字符号的意义表达实例 ······ 58

第二节 异性交往类自创文化符号的"恒常性" ……… 66
第三节 学校有效引导自创符号帮助青少年发展的实例 ……… 76

第四章 不同类型性别文化符号对青少年性价值观发展的影响 ……… 87
第一节 从"腐女"现象看青少年在文化符号中寻找什么 ……… 88
第二节 女性网络红人与青少年性价值观的发展 ……… 99

第五章 青年使用"萌化"符号实现政治社会化 ……… 113
第一节 从"政治萌化"到"反政治萌化":当代青年政治主体性的建构、再构与重构 ……… 113
第二节 从"政治萌化"到"反政治萌化":青年政治参与方式的转变及其引导 ……… 125

第六章 道德心理学的理论发展与现实启示 ……… 140
第一节 皮亚杰的道德发展理论 ……… 140
第二节 柯尔伯格道德发展阶段理论 ……… 144
第三节 吉利根对道德发展发出的"不同的声音" ……… 150
第四节 当前道德心理学研究的新动向 ……… 156

第七章　学校文化引导青少年道德发展的思路与途径 … 170

第一节　青少年自创角色扮演游戏的引导 ………… 172
第二节　教育戏剧：开发心理潜能发展的路径 ……… 175
第三节　学校：青少年参与仪式的重要场域 ………… 179
第四节　学校对青少年网络文化的创造性运用 ……… 186

参考文献 …………………………………………………… 190

引 言

让孩子学《论语》,孩子一定要跟动漫联系在一起才肯学。什么孔子玩偶、子路玩偶、子贡玩偶,还自己画了一本册子,标明他们的关系……

爸爸,我给自己新取了一个名字,叫豆豆趴,以后你们要叫我豆豆趴,记住哦,我改名叫豆豆趴啦。

如果你有跟青少年交往或者互动的经验,类似这样的对话或经历在他们的生活中比比皆是。从两三岁咿呀学语到初高中的自编故事与自创小说,我们都能看到自创文化符号的痕迹。作为家长,我们也许会在聊到自家孩子时,举个例子再一笑而过;作为教育者,我们也许会在谈及学生时,做下类比再感叹几声。我们发现了现象,看到了事实,却容易对频频出现的内容视而不见或是不知所以然。类似的现象归纳起来其实是青少年自创文化符号的具体表现。

在物质文化和精神文化都极度丰富的今天，青少年自创文化符号中积极与消极共存，创意与粗糙同在。这些文化符号既反映了青少年的成长需要，也反映出来自家庭和学校可以与之平等对话的文化符号的不足。如何走进青少年的内心，了解其亚群体文化符号的内容、来源与功能，以及类似的文化符号反映出他们怎样的成长需要与精神状态，如何因势利导地进行德育教育，促成其积极心理意义的达成，这些是本书关注的重点。

第一章

符号、游戏与意义

青少年自创文化符号,不管它多么离奇多么匪夷所思,归根结底,它都是一套以游戏的方式表达自我的符号意义系统。因此在详细分析青少年自创文化符号之前,本章将首先来梳理一下符号、游戏对个体和人类文明的意义。

第一节 符号:关于意义的理论

在学术界,无论是分析哲学、心理学,还是认知论,其关注的焦点都是意义(meaning)。符号之所以重要,也是因为它身负意义。符号系统由一系列的意义构成,或者是一系列的符号构成了某种意义。而信息(message)则是拥有具体存在的最小符号形式。信息具有直接性。但符号活动领域不仅仅包括信息,还包括文本(text)和话语(discourse)等,形成了一个完整体系。

一、符号学的相关理论

提及符号,不得不提到索绪尔,他被称为符号学之父。他开创了重视理性和结构的大陆符号学,将语言学塑造成为一门影响巨大的独立学科。索绪尔认为,语言是基于符号及意义的一门科学。他的理论在很大程度上深刻影响了结构主义和解构主义,他认为语言符号包括能指(signifier)和所指(signified)两个方面。能指是符号意义的载体,由行为、表现、概念等承担。所指则是指符号的意义,这些意义需要符号的载体来表达。任何符号单元与特定意义之间的联系都是偶然的,如"狗"的指代在起源上就具有随意性。语言符号能指和所指之间最初是一种随意的组合,后来约定俗成,成为习惯。而符号是语言(或在某一时间点上的某种语言)的基础单位。语言是符号的集合。个体的发言是语言的外在表现。他还对言语和语言进行了区分,该区分深刻地影响着心理学对语言的研究。

言语和语言的区分,是对人类社会性和个体性的区分。言语是人们所说的话的总和,包括以说话人的意志为转移的个体的组合,以及与个体相关的言语中的发音。因此,在言语中没有社会性的内容,都是个体性的内容和转瞬即逝的存在。言语是个人的意志和能力的体现,展现了个体的思想状况。而与之相反,语言是言语活动中社会性的部分。单靠个体不可能创造语言,也不可能改变语言,只有当社会成员达成了某种共识,语言才会得以运用与改变。语言具有的完整的语法系统存在于所使用的集体之中,个体仅仅是掌握或使用其中的某一部分。总而言之,个体运用言语,群体掌握语言。语言和言语互相依存,语言既是言语的工具,又是言语的产物。索绪尔把语言比作乐章,把言语比作演奏,把语言和言语的关系比喻为乐章和演奏的关系。他说:"在这一方面,我们可以把语言比之于交响乐,它的现实性是跟演奏的方法无关的;演奏交响乐的乐师可能犯的错误绝不致损害这现实性。"① 这是一个非常贴切的比喻。

相比索绪尔,皮尔斯则是颇具行为主义和实证主义色彩的美国符号学的代表。皮尔斯很重视符号研究中的操作,他提出每个符号的三分构造,即符号形体、符号对象和符号解释(也称为解释项)。符号形体,即能代表某一事物的东西,比如"马"的读音或者是不同代表"马"的含义的文字。符号对象,则是符号形体所代表的"某一事物",如"马"指代一种耳小而直立,面长,颈有长鬃,尾有长毛,四肢强健的哺乳类动物。符号解释,则是符号所表达或传递的意义,如"马"是力与美的象征。皮尔斯的三元论,可以更加方便地解释所有的符号现象,判断什么是符号,什么不是符号。

皮尔斯之所以研究符号学,是因为符号学与实用主义的认识

---

① [瑞士]费尔迪南·德·索绪尔:《普通语言学教程》,高名凯译,商务印书馆2009年版,第27页。

论密切相关。皮尔斯的认识论是从反对笛卡尔的理性主义认识论出发的,他认为主体的人并没有任何天赋能力。主体对世界的认知必须建立在符号的基础之上。因此,符号是主体获得知识的唯一来源,没有符号的存在,主体将无法思考。实用主义所研究的理智概念属于众多符号的一种。从这个角度上来说,只有明白了实用主义和符号学在认识论上的这种关系,才能进一步将符号学应用到其他领域。符号活动在此就是一种操作符号的行动,而非一个语言的结构或一个代码。

除此以外,巴赫金、列维-斯特劳斯、翁贝托·埃科等也对符号学的发展起到了重要的推动作用。甚至在拉康的推动下,弗洛伊德在心理学界也开始被认为是兼具符号学意义的心理学家。而他们共同关注的主题都是探索意义如何透过符号,在人类的沟通过程中被生产与传递,符号系统背后又有着怎样一套结构与规则。

二、具体科学概况与符号意义

具体科学建立在"一般存在于特殊之中,特殊也存在于一般之中"的哲学基础之上。它强调从特殊的个案中获得一般性的知识,再将一般性的知识用于新的特殊案例中。联系文化发展心理学的研究目标和研究对象,具体科学在心理学中集中体现在意义建构上。意义建构本身是最能体现一般性和特殊性关系的内容,所有的高级心理机能都会涉及意义建构，个体赋予事物意义，对现象进行解释，这体现了意义建构的一般性。但意义建构的内容却千差万别，就研究对象而言，心理学是研究人和动物心理现象发生、发展和活动规律的一门科学。心理学既研究动物的心理，研究动物心理主要是为了深层次地了解、预测人的心理的发生、发展的规律，也研究人的心理，以人的心理现象为主要研究对象。因此总而言之，心理学是研究心理现象和心理规律的一门科学。同一事物或现象对于甲来说可能是熊掌，对乙即为砒霜，这体现了意义建构的特殊性。因此，意义建构是一般性和特殊性的统一，它主要包括如下的内容和作用方式。

首先，从本质上看，意义具有多样性，但科学的目的是获得概括性的知识。这看似矛盾。具体科学的目的就是为了解释清楚这种表面的对立实际上是人为造成的。因为，一般性存在于特殊性之中，从具体的个案中我们也能获得一般性的概括知识。特殊性和一般性具有辩证的对立统一性。其次，意义建构和意义建构者处于同时建构过程的圆环中，彼此交互作用，相互建构，使得新意义得以不断产生，不断涌现。最后，意义建构使我们对发展的认识更加深入。发展既是一个历史问题，也是一个现实问题。个体通过意义建构着自己的历史和现在，并指引着将来的发展。

一般围绕意义建构旋转，研究的关键是要找到导致转折产生或帮助转折解决的、对发展具有引导作用的"促进符号"。具体科学在心理学中的应用可以通过个案分析实现。文化发展意义上的个案是以时间为中心组织的概念。传统的方法是从样本和人口中得出抽象的知识。而具体科学则是通过研究个案在时间进程中的改变,从而获得概括性的知识。个体处于时间中,是多维度动态系统中的具体化。它提供了研究个案独特性的原则,强调对动态建构过程进行研究以了解个体的特殊性,从而寻找一般性。考虑到个体在生命进程中的发展,具体研究方法重视案例分析和数据在时间进程的连续分析。模型属于个体间研究,它反映了心理学研究的传统方法。个体属于人口概念,个体之间是同质的,从样本中获得概括知识。理论的功能性研究发现,从功能角度运用自我对话,更能揭示事物的本质。具体科学要解决的问题正是基于"随机抽样"研究的不足,还样本以真实,解释个体发展的过程性的。由于高级心理过程是符号意义化的过程,数据不再是无意义的数字,而是符号意义的产生过程,因此测量需要从复杂的现象中建构新的符号价值。

从特殊的历史事件中可以获得归纳性的知识,比如汶川地震、北京奥运、神七升天,对于这些重大历史事件的研究不可能选取大规模的样本,更不可能让历史重复。个体的发展也是如此,个体的生命有且只有一次,个体生命进程中的历史事件一旦发生就不可能重复,因此发展心理学关注个体发展。由于发展过程不可逆,因此对发展的研究尤其需要从特殊现象中获得概括性的知识。虽然意义建构是局部的,但却可以通过普遍性的方式来调节。所有局部事件都发生在不可逆的时间中,从而形成了历史的连续性。不断发生的历史通过概括的分类框架创造出了具有连续性的个案。时间是发展过程的组织者,意义建构是动态的过程,而动态本身就暗示了发展的不可逆转性。所有的开放系统都会详细地探讨系统的可变性,什么情况下新意义涌现,传统的实验研究得出的所谓的因果关系难以准确解答上述问题。因为发展的进程往往是多条件共同作用的结果,各种因素像催化剂一般协同作用,不同类型的新意义涌现,彼此之间相互对话,有冲突、矛盾、妥协、共识,这些交互作用推动了发展。因此研究发展的目的是要从微观发生意义上分析上述过程是如何产生的,意义是如何推动个体发展的,要达到这一目的,只能通过具体的个案来实现。

转折是具体科学的中心问题。符号在对话交流中涌现,一旦产生就具有差别性和等级性。个体对符号内容的理解和符号对个体的心理价值是不同的。而基于符号的意义建构同样存在等级和水平差异,这些差异具体表现在新旧意义是微观或宏观、具体或抽象、表层或深层等方面。个体意义的差别势必引发新旧意义的冲突,冲突的加剧会造成个体的混乱、迷茫和选择,我们把这种状况称为发展中的转折期。在转折的过程中,身份认同和持续的发展如同两个轴,过去认为通过样本或依赖类型统计才能获得概括性知识的领域被认可为科学。实际上,这种所谓的科学仅仅是通过一定数目的样本获得概括性的知识。随机抽样在心理学中一直被认为是一种标准的选择方法。这一方法假定,从总体中随机选择个体组成样本可以保证样本对总体的代表性。如果果真如此,根据样本获得的结果就可以反推到总体中。由这一标准概念可知,从总体到样本存在着几个问题。首先,总体作为特定种类样本的全集,可能是无限的。总体并不是同质类别,而是异质类别。通过样本推断总体,是以有限代替无限,抹杀了总体中的异质性,将异质的个体,视为同质性的样本。事实上,样本中的个体不可能完全相同,即使出于研究目的的考虑,收集和选取的也仅仅是相似的样本而已。其次,样本是静态的,而总体是动态变化的。用静态的样本反推动态的总体,不符合发展心理学的研究目的。最后,样本能反推总体建立在总体中所有样本之间是相互独立的这一前提上。这一假定对所有随机抽样而言都是必然的。但是,该假设忽略了总体中各样本之间存在的未知联系。如同一班级、同一学校的学生,他们之间会产生相互依赖性。

发展过程的本质就是变化莫测的,是开放系统与环境之间的互动形成的新的环境与系统的过程,在新的系统和环境尚未形成之时,有一个混沌渐成的过程,环境和系统之间蕴含着多样的发展可能。所以对发展过程以及机制的研究是在探讨以前未知的事物,在研究之前不可能有一个清晰明了的认识,证实假设的讨论与研究对象的动态性不合。而且,即使稳定的阶段性特征也不是固化的东西,稳定状态本身是由系统的动态构成维持的。因此，阶段特征的研究不应该通过固化特质的量的变化来描述，而需要探讨构成阶段特质的内在因素的关系。

三、符号意义与个体发展

符号代表某些人、事、物，它们以某种特性展现自身并传递着某些明显或隐秘的意义。符号的建构和使用被称为符号行为。个体不断地建构符号，并与他人交换经过符号编码的交流信息，通过这些信息影响环境，并且这类影响对人也有反作用。在文化心理学中，文化或意义被定义为符号中介，它是有组织的心理机能系统的一部分。这些机能可以是个体内的，即个体在感受世界时的内部心理机能，如情感、思维、记忆、遗忘、计划等，也可能是个体间的，即不同个体参与到闲聊、争斗、相互劝阻、相互逃避，或者逃避某些体验等情形中的。个体所运用的符号被他赋予了意义，他通过符号意义调节个体内和个体间的心理机能。符号调节是有组织的心理功能系统的一部分，包括个体内，也包括与外界文化联系的几个方面，即一个内部的前馈环路与两个社会关系环路——主体我与客体我、客体我与他人三方之间的协调。个体可以在他的心理系统中创造出一个密友，双方可以进行长时间的内部对话。这种对话也涉及使用符号意义，包括使用符号的方式以体现两者之间的层级关系，从符号的角度来解释边界，以及相关意义如何进入个体心理。

外界、他人的信息赋予符号意义。同一个体可能对某些信息赋予相似的符号意义,所以造成了这些信息具有相似的渗透性。而不同个体赋予同一信息的符号意义可能不同,因此造成了同一信息在不同个体之间"心理膜"的渗透性差异。每个边界上建构的符号意义作为调节器存在,对进出边界的信息进行选择性的开放。每个符号都具有双重性,是一种对话关系,存在于声音和反声音之间。反声音是焦点声音的反向补充,是焦点声音可以形成但是尚未形成的所有意义。有时个体很容易观察到声音与反声音的对立关系存在,但是在大多数意义的产生过程中,反声音是隐藏其中、不可见的。尽管如此,反声音仍是积极起作用的。声音和反声音的对话意义成为调节边界信息选择性穿越的机制。由符号意义带来的"心理膜"渗透程度的差异存在于我们生活的方方面面,它不可触摸,却时时发生。这是个体调节动态性的表现。通过生活中各种个人的、社会的、生态的"膜",产生了丰富多彩的发展轨迹。

我们存在于意义世界中,而意义世界是复合多维的。一部分实践世界,是意识与物质世界叠合而成的;而其余部分的意义世界,则是意识构成的思维世界,它的组成部分(筹划、范畴、艺术、游戏、幻想、梦境)离实践世界渐行渐远。艺术和游戏的内容是比喻性地借用实践经验,但是它们在符号意义上对现实不透明,在符号用法上没有实践用途。它们在人类文化中不断被"次生实践化":崇高化、商品化、学理化,由此构成一个符号修辞的四体演进序列。学理化是对艺术与游戏的反思,是一种反讽式思维,走向了艺术与游戏精神的反面。

符号具有不同的类型,如图片式、视觉式、知觉式、内在精神图像、言语文字类、直觉符号、记忆符号和未来愿景符号等。素描、水墨画、油画等,通过线条、颜色、形状等具体或抽象的图像符号;以抽象语义、象征、描述等为代表的语言文字类符号;以镜像、投射、对话自我等为代表的视觉符号;以感知物、现象、形式等为代表的知觉符号;以梦境、幻想、记忆等为代表的内在精神符号等,这些符号形式共同构成了个体的符号系统和意义系统。

第二节 游戏:被低估的价值

我们或多或少对游戏存在着某种文化偏见,认为游戏是不务正业,认为游戏很容易引发上瘾。但是,全世界约半数人或多或少都在跟游戏打交道,游戏产业、游戏玩家、游戏竞技、游戏观赏,等等。我们对玩游戏也存在着微妙的矛盾心理。一方面兴高采烈地参与其中,为胜利欢呼,为失败落寞,另一方面又隐隐觉得游戏有些上不了台面,讳于谈论,只私下享受。这中间的矛盾恰恰说明,我们在行为上的参与和观念中的排斥存在着错位,我们似乎低估了游戏真正的价值。

一、游戏的内涵与特征

（一）游戏的内涵

什么是游戏呢？从发展心理学的角度来看，游戏是个体的本能活动。当婴儿开始出现社会性表情的时候，他/她就超越了基本的动物行为，开始进入游戏状态。从游戏的起源来看，有的理论认为，游戏起源于对过剩生命力的宣泄，还有的理论认为，游戏是"模仿本能"的满足，或是对成年生活的演习，抑或对有害冲动的发泄。关于游戏起源理论虽众说纷纭，但其假设几乎均指向于游戏是在为某种不是游戏的东西服务。一方面，游戏当然有生物学的目的，并反映出某种乐趣；但另一方面，游戏并非物质，具有非物质的特征。即使在动物界，游戏也挣脱了物质存在的束缚。两只幼狮子在相互扑腾的游戏中练习捕猎，也相互表达着情感，感受着亲密；宠物狗叼着狗窝摇头晃脑之际，有对撕咬的体验，也有种自娱自乐的享受；宠物猫站起来用前爪去抓逗猫棒，兴奋扑咬的过程，有对某种原始行为的再现与情绪感受的投入。因此，讨论游戏或是承认游戏，就是在讨论精神的存在，承认意义的存在。游戏当然具有符号的功能，说明了游戏具有某种意义。

人类社会的重要原创活动一开始都渗透着游戏的特征。游戏先于文明,文明始于游戏。^① 柏拉图把游戏等同于神圣,将游戏概念升华到了极高的精神境界。游戏不仅早于文化,在某种意义上,游戏也优于文化,或超越文化。在游戏中,可以像儿童一样在严肃层面以下活动,也可以进入美的领域和神圣的领域活动。仪式在游戏中成熟;诗歌在游戏中诞生并丰富;音乐和舞蹈则是纯正的游戏。表达智慧与哲学的词语和形式源于宗教比赛,这也是一种游戏类型。战争规则、高尚的生活习惯都是在游戏模式中发展起来的。因此,我们必然得出这样的结论:最初阶段的文明在游戏中诞生;文明并非像婴儿自己脱离子宫那样脱胎于游戏,却在游戏中不断产生,并反过来创造着游戏,与游戏永不分离。^② 总之,游戏是具有意义的玩耍活动,它参与塑造了人类文明,参与塑造了个体的发展。

游戏是具有意义的玩耍活动,其表现形式虽然各有不同,却有一套极为相似的组成要件。首先,游戏有一套系统,这套系统由一系列的行为和活动相联系,保持整个游戏能够顺利进行。其次,参与游戏的人,即游戏玩家,他们参与游戏的内容或者与其他参与者互动。再次,游戏具有规则,游戏的规则界定了游戏方式,只有遵守规则,游戏才能顺利进行,打破规则,游戏则很可能中断、瓦解或者改变为其他游戏方式。最后,游戏有一套及时的反

---

① [荷]约翰·赫伊津哈:《游戏的人:文化的游戏要素研究》,傅存良译,北京大学出版社2014年版,第5页。
② [荷]约翰·赫伊津哈:《游戏的人:文化的游戏要素研究》,第247页。

馈机制。它能很快以某种方式告诉参与者玩得程度如何,参与者根据这些及时反馈在游戏过程中迅速调整,或是在下一局游戏中进行有选择的调整。①

游戏有一套参与者彼此传递的规则,并具有及时的反馈机制。在此过程中,游戏带有很强的挑战性。而适度的调整能激发游戏的乐趣,激发参与者的情绪化反应,再加上游戏的反馈迅速、直接且清晰等特点,使得游戏特别能调动参与者的情绪,让他们有较为强烈且丰富的情感体验。

(二) 游戏的特征

游戏的首要特征为所有的游戏都是自愿的行为,如果不是自愿参与的游戏,最多只能算是对游戏行为的模仿。想想看有些陪孩子玩游戏的家长为何如此焦躁,为何游戏一结束就心急火燎地拿起手机,因为那才是他们自愿选择的游戏方式。而对于青少年而言,他们需要游戏,也必须游戏,因为本能驱使他们通过游戏开发身体的机能,身体的发育与成长是青少年面临的第一发展要务。同时,他们也具有选择的能力,而喜欢以及自愿本身就是一种选择。因此,青少年喜欢玩游戏,他们选择了自己的游戏。

游戏是自主的活动。游戏暂时脱离了真实的生活,或是日常

---

① [美]卡尔·M.卡普:《游戏,让学习成瘾》,陈阵译,机械工业出版社2018年版,第6—7页。

的生活，进入了一个能自由支配的领域。每个孩子都心知肚明，他们只是在"假装"，只是为了"好玩"。比如，你对一个四岁的孩子说，胡萝卜并不是宇宙飞船，他/她可能会很不耐烦地说："这是假装的呀，你陪我来玩呗。"但即使他们具备区别真实和假装的能力，意识到他们玩得并非是现实中的某物，他们也会全神贯注地投入"假装"之中。可见，游戏和真实/严肃之间并非二元对立，反而是你中有我，我中有你的。游戏不涉及功利，它是一种理想性的活动。它要实现目的与想象间的联系或是满足个体超越生理欲求的需求。因此，游戏的自主性也具有某种民主性与平等性。

游戏具有自己的逻辑进程。游戏会自然而然地结束。即使在游戏的过程中，一切纷繁变化高潮起伏，几乎每个参与者也都能心知肚明地感觉到它快要结束时的征兆。游戏创造了秩序，但其自身也是秩序，稍微打破游戏规则，就很可能毁掉游戏。因此，沉浸其中的青少年都会不约而同地自觉维护秩序，谁触犯了规则或是无视规则，就会被排挤出游戏，若非如此，则旧游戏自动解体。

从游戏的这三个特征来看，我们可以将游戏视为在一定时空中，按照某种心照不宣的规则进行的，没有功利的算计，却能让人热情参与、全情投入的自愿、自主的活动。游戏是在特定时空范围内进行的一种自愿的活动或消遣，遵循自愿但又相对受束缚的规则，在游戏中，参与者以自己为目的，具有丰富的情感体验。这一概念将动物、青少年和成人的游戏均纳入其中,游戏是生活的底色。

游戏按照不同的分类标准可以分为不同的类型。比如按照参与人数,分为个体游戏和团体游戏;按照场所和使用工具的不同,分为电脑游戏、电视游戏、手机游戏、操场游戏、球馆游戏、棋牌游戏等;按照时间的长短,分为5秒钟以内的迷你游戏、10分钟左右的休闲游戏、8小时的通关游戏,以及24小时365天无休止的角色扮演游戏;按照有无故事线索,分为无故事情节游戏与有故事情节游戏;按照大脑和身体参与的方式差异,分为挑战大脑游戏、挑战身体极限游戏和两者相结合的游戏。

就本研究而言,最有价值的游戏分类是规则性游戏和随意性游戏。规则性游戏是指按照既定规则开展的游戏,规则在游戏中具有权威性。而随意性游戏的特点是,规则随着游戏的展开而不断创生。其中各种文化符号,如图像、图示、模型、身体动作等对规则的不断发展起着重要的作用。通过文化符号的参与,心智与动作的参与实现着某种表达与呈现。每一次游戏过程都是独一无二的。青少年自创文化符号带有明显的随意性游戏的特征,意义在其中以游戏的形式产生、表达、传递、发展。

二、游戏的功能

关于游戏的功能方面,在日常生活中,我们谈到游戏的时候总是与"正事"区别开来,认为游戏就是休闲娱乐,或是为了打发时间的活动。当别人问你在干什么,你刚好在玩游戏的时候,你还会略微有点不好意思。而关于"游戏上瘾"的报道铺天盖地,更加深了我们对游戏的误解,认为游戏不仅不务正业,甚至还会跟某种"堕落"的人生或是心理疾病扯上关系。但在游戏的定义中,我们已经反复说明,游戏参与了人类文明的诞生和发展,也参与了个体的成长与发展。如果说游戏的消极意义和积极作用是硬币的两面,那么显然生活中我们对消极的一面强调得太多,而对积极的一面忽略不计,由此导致了我们在对待游戏问题上观念与行为的脱节。一方面,我们享受着游戏、受益于游戏甚至沉迷于游戏,另一方面,我们又为自己的游戏行为感到羞愧、自责乃至悔恨。在这一部分,我们会更多地从游戏的积极部分来分析游戏的功能与价值。

从总体来说,游戏缓解了学习、工作和生活带来的压力,修正了传统教育系统的不足,提高了普通人的参与度,并且在一定程度上增强了我们的快乐感受和创造力。以下将对此进行一一说明。

(一)游戏更具互动性

从某种程度上说,学习和工作都或多或少带有某种强迫性,比如必须要在早上七点准时起床,或者晚上必须要加班加点赶作业等。而游戏则明显更具主动参与性与主动创造性。它们让现实变得更有价值,突出了个体的主体性与能动性。和现实相比,游戏建立了更强的社会联系,创造出更活跃、更广泛的社交网络,更容易产生亲社会情感与亲社会人格。相互调侃是强化我们彼此之间的正面感受最迅速也最有效的方式。它确立了信任。而游戏中的玩笑、调侃、鼓励甚至谩骂都会将参与者紧紧地绑在一起,为了某一目标倾情投入。

(二)游戏中充满模仿、想象与创造

如果你观察过青少年在游戏过程的模仿,你会发现几乎所有的模仿其实都不是完全照搬,而是思考之后的模拟。每一次的游戏跟前一次都有相似之处,又有略微差异,介于相同与不同之间。模仿对于青少年尤为重要,在模仿的过程中,青少年学会感受、学习表达自己的情绪以及调整情绪。如果缺乏适度的模仿,个体的这两种能力会处于尚未发展或发展未完全的状态。在游戏的过程中,青少年不仅与他人建立模仿关系,还会与整个外部环境建立起模仿关系。这一过程构成了他们的丰富自我,也实现着个体的社会化进程。

早期儿童的模仿学习,已经具备某种能力去激发成人的相应反应。在模仿学习中,儿童学会了情感表达和对他人情感的感知。以婴儿早期的哭与笑这两个最直接、最外化的情绪为例。刚出生的婴儿并不具备笑的能力,只有哭的表现。婴儿的哭带有不同的含义,饿了、热了、冷了、尿了等都是用哭来表达的,这时候的

哭还不完全具备表达悲伤难过的意义，只是婴儿和外界互动的一种手段。但是随着养育者对婴儿的照料与互动，养育者开始有意地逗婴儿。游戏的互动出现，婴儿在不断的游戏互动中学会了他们的第一个社会性表情，即"笑"，并且还会用"笑"反过来逗养育者，一场双方实力悬殊的游戏展开了。在此过程中，婴儿学会了用大哭表达与养育者分离时的焦虑与悲伤，学会了用大笑迎接养育者的归来，还学会了各种一眼就能识破的假哭假笑。而个体的社会化过程就是由此变得越来越真实、复杂而具体的。

（三）游戏激发想象力与创造力

想象力是一种能力，是将不在场的事物带到当下的能力。创造力发生的关键也在于想象力。想象力是人存在的条件，没有想象力，就没有所谓系统发展意义上的人类形成，也不会有个体发生学意义上的个体成长。想象力与语言能力一样，是个体存在不可缺少的条件，是全体人类存在的前提。人类的想象力组织并建构着这种开放性，借助于想象力，过去、当下和未来汇聚到了一起，彼此交织。想象力生成了具有社会性、文化性、符号象征的人类世界，它使得人类的历史和文化成为可能，使得人类文化与文明具有多样性，充满了符号、文字、图像以及身体动作，如舞蹈、体育、仪态与身体语言。

想象力具有显著的表演性，既是模仿，也是创造。每一次想象活动既基于已有的原型，也或多或少有些微小的变化和微妙地调整。在社会行为(如仪式)和艺术审美活动(如表演)进行的过程中,图像对语言的表演性具有重要意义。人的感知运用具有一定的前提条件:一是拟人化地认识外部世界,对外部世界的认知与我们的身体的生理发育与身体状态具有密切联系;二是浸润于我们所处的社会环境、历史阶段和民族国家文化,想象的世界可以从历史、文化的模仿中习得。

一般来说,学校教育关注思维的训练与训练的结果,在一定程度上忽略了青少年的感官体验和想象力。我们的青少年不仅需要对某一类知识进行学习,还需要在不同的知识形式和不同感官体验中形成敏锐的感知与判断能力。而幻想是青少年在游戏过程中最经常使用的想象力方式。幻想是一种心理意象,能激发与现实感觉和实际经验不同的心理意象。

(四) 游戏对动机的促发很到位

动机是心理学中的一个概念,指以一定的方式引起并维持人的行为的内部唤醒状态,主要表现为追求某种目标的主观愿望或意向,是人们为追求某种预期目的的自觉意识。动机是由需要产生的,当需要达到一定的强度,并且存在着满足需要的对象时,需要才能够转化为动机。对于青少年而言,研究的最多的是跟学习相关的学习动机,他们能否努力学习,尤其是在受挫的情形下坚持努力学习,都与他们的学习动机有关,学习动机是激发着他们学习热情的内在动力。因此,动机,尤其是学习动机是教育者非常关注的内容。心理学对学习动机的分类提供了认识动机性质的线索:从动机指向的兴趣来源,可以分为内在动机和外在动机;从动机激发的主题起源,可以分为内部动机和外部动机;从动机作用力的影响性质,可以分为驱力性动机和引力性动机。这些只是为了分类方便而划分出的动机类型,真实的动机是不同类型动机交错的存在,更加复杂且难以把握。

内在动机一般是由对活动本身的兴趣而促发的动机,外在动机则是兴趣或强化来源于外在的奖励的动机,外在奖励包括分数、名次或周围人的奖励。一般来说,内在动机的培养一直是心理学研究者关注的重点,因为内在动机是参与者从学习活动本身中获得了无穷的乐趣,这些乐趣超过了外在的奖励,也超过了外在的威胁,是完全出自热爱的探究活动。而在生活中,我们可以看到玩起游戏来,忘记吃饭的孩子。同时,全世界各地的青少年也宁肯花好几个小时置身于游戏之中,也不愿意睡觉。动机,尤其是内在动机,毋庸置疑是游戏中非常重要的组成部分。青少年在游戏中能够分分秒秒体会的专注与投入,目标一致与团结一心,以及成就感与创造性,在现实生活中只有偶尔才能体会到,或是经过长时间的延迟满足后才能感受到。因此,游戏才会产生强烈的内在动机,令青少年不分昼夜沉溺其中,乐此不疲。

好奇和心流是内在动机的伴随产物,同时也是游戏激发青少年内在动机的有效手段。好奇,可分为感知和认知两部分。感知好奇是指游戏环境中光线、声音和其他感知变化,从而引起青少年的关注。举个例子,很多游戏场景如果去除了声效和光效,整个游戏气氛会大打折扣。而认知好奇则是对未知领域的好奇。认知好奇能促发青少年积极学习,使得认知结构更加优化。而心流目前更是学术界的研究热点,它是指一种操作过程中的心理状态,在其间人们全神贯注于正在做的事情,是一种人在能力极限下的投入状态。在活动之中,人们心甘情愿地全身心地投入,是介于无聊和焦虑或沮丧之间的一种理想状态。在心流中,时间的感觉差异极大。个体在游戏状态中很容易达到心流状态,忙于游戏而感受不到时间飞逝。

(五) 游戏中的虚拟性与现实感也是游戏的一大功能

关于游戏令人上瘾的特征的道德辩论此起彼伏。首先我们必须要认识到,从古到今,游戏与人类文明发展相伴相生,游戏不仅已成为产业,而且游戏产业大规模扩张。在现实与道德辩论的矛盾张力下,游戏中的虚拟与现实也成了辩论的焦点。对于幻想,我们经常认为它虚无缥缈,没有分量,这当然是事实。但同时,我们还需要认清另一半事实,那就是游戏中的幻想仍然具有意义和价值。

一般认为,游戏充斥着虚拟与幻想,但幻想并不一定消极,幻想同样具有力量。幻想具有美化作用,可以让生活愉快,能让青少年与现实状况保持距离,情绪得以缓和。因此,要将游戏中的传统消极认识转换为积极资源。大量的文学艺术创作都源自幻想。在幻想的世界中，人们可以体会到现实生活难以提供的快乐。青少年在游戏中幻想，与现实的学习生活状况保持着距离，既使情绪得以缓和，又在一定程度上回避了学习压力，同时还有利于缓解人际压力，带来交往乐趣。

幻想还具有美化作用。青少年的现实生活充满着身体发育带来的困惑、学校学习的压力以及人际交往的各种问题。在幻想世界中，这些都是不存在的，代替它们的是单纯与美好。青少年在游戏中的幻想往往体现了他们的理想人格或是理想生活，代表了他们对真和爱的不懈追求，即使这种追求方式带有浓厚的自我陶醉的色彩。

第三节　游戏对青少年健康成长的意义

青少年处于人格成长与生活适应的关键期，游戏的善用与滥用往往会造成不同的后果：有可能帮助技能发展，也有可能导致自我放纵。尤其是青少年自创的符号游戏，我们对此的了解还非常有限。在讨论自创符号游戏之前，我们首先需要对游戏有正确的认识。如何学习、如何游戏对青少年来说是一门重要的课程，一种积极、健康的游戏，对青少年的健康成长与全面发展有着重要的现实意义。本研究将从游戏的角度阐述其对青少年健康成长的意义，以期为青少年的道德教育的发展提供参考和依据。

一、游戏中的正能量亟须挖掘

游戏带来的不是上瘾,而是一种可能性。狩猎采集时代,人类的生活方式随时随地有探索的乐趣,有大量的社交和闲暇,行动大多有即时反馈。游戏,尤其是目前的网络游戏,提供给我们的就是那种熟悉的生活方式:首先,有探索的乐趣,每一个游戏都是一个崭新的世界;其次,有大量的社交和闲暇,游戏里面的战队、伙伴、组团同现实世界一样热闹、精彩;最后,有清晰的即时反馈,通过在徽章系统、排行榜系统和分数系统里的位次,青少年可以随时知道自己的进步。将探索、社交和及时反馈发挥到极致的游戏,为青少年提供了更多超越现实的可能性。

游戏是一种精神过程,能够最大限度地发挥人的自主性,通过反馈和社群认同,使人感受到行为的意义。游戏是人们表达自己、创造意义的媒介,它是一代又一代人类文明的基础。游戏不仅仅是一种玩具,它也成了经济、社会、制度重构的一种基本机制:娱乐会游戏化,公司管理会游戏化,教育也会游戏化。游戏成瘾并不是游戏本身的罪过,而是体现了人类生活方式的一种断裂。在工业时代,处理问题的通常思路就是分割和分类,职业要分类,学科要分类,游戏也应分类:上班八小时不能玩游戏,下了班可以玩游戏;上学不能玩,做完作业可以玩一会儿游戏。我们承认游戏的正当性,但总想限制游戏的范围,认为一旦越界,占用了过多时间,就叫"游戏成瘾",引发全社会的焦虑。但是,工业化时代这种分割和分类的思维正在受到挑战,未来时代的总逻辑是融合和融通,所以很多人开始思考,能不能让游戏成为一种激发创意的媒介,利用游戏的框架或者游戏的其他衍生品,来解决工作、生活中一切非游戏的问题,把应该很严肃的东西"游戏化"。这样一来,团体中的每个人都感受到自己的独特之处,一个惩罚系统变成了激励系统,竞争系统变成了合作系统,学习过程就变成了游戏过程。想象一下,青少年在这样的学校里学习,学习动力是不是就能提升很多?这种游戏模式也可以迁移到教育教学中,把每一个章节的学习任务看作一个通关游戏。如果暂时没有掌握这一内容,导致考试失利了,没关系,还可以不断练习,通过日积月累的量变最后实现质变,在下次考试中顺利过关。把教学活动设计成游戏模式,把章节学习任务包装成通关游戏,这必将极大地调动学生学习的积极性和主动性。游戏不再是什么洪水猛兽,游戏的精髓是重建人生的意义。游戏让我们有可能回到人人都有主动性、一切都有紧密联系的世界。

二、游戏能力影响着未来的生活质量

是否会游戏体现着个体是否善于休闲、善于生活、善于健康玩乐的素质或能力。游戏能够帮助人们更好地生活与工作,是社会多元价值观的体现。被贬损与被异化的游戏需要引起我们的重视。青少年的游戏往往是自发产生的，但需要父母、学校、大众传媒等社会化主体有效引导。

目前中国社会渐渐从生产社会向消费社会转型，社会物质产品丰富，为人们提供了多样化的娱乐休闲方式。青少年儿童的娱乐休闲也呈现出消费社会的异化特征，从过去的低成本身心娱乐到物质的符号消费娱乐，从自我体验的娱乐到媒体导向的娱乐，这种基于物质的游戏，消极的玩乐，忽略了情感、体质，没有达到积极健康修身的目的，异化了"游戏"。有益的游戏方式能促使青少年更趋于理性地投入情感和娱乐行为，如此青少年既能得到游戏的内心体验，又能增强自身应对游戏异化问题的能力。游戏休闲的能力是青少年社会化的内容之一，"玩商"的培育和发展与其社会化主体有着紧密的联系。由于玩的观念不同，玩的环境不同，青少年的游戏方式也大不相同。游戏为少年儿童的全面发展提供了一个更广阔的空间，是个性、创造和智慧萌发的重要舞台，游戏应成为少年儿童成长中必不可少的内容。

丰富休闲游戏应从倡导身体活动开始。首先要让青少年自由地玩，其次要让青少年享受游戏的快乐。成长在数字时代的"00后"甚至"10后"尤其需要重拾"玩的精神"，顺应玩的天性，在玩的世界中畅游，享受自由愉悦的休闲之境。在新的时代背景下，游戏也正在朝着生活化和休闲化的方向发展，应去除"体质""健康"等功利目的，倡导自由、放松的游戏体验。

第二章

从发展心理学的最新理论看青少年发展

第一节 文化发展心理学与青少年发展

从20世纪90年代以来,体现发展生态性、动态观的方法论和方法学研究在西方心理学界发展起来。其中最具代表性的有文化发展心理学和动态系统理论的方法论和方法学研究。自心理学科产生,心理学家们就没有停止过推进学科发展的探索,文化心理学是近年来活跃起来的力量之一。文化心理学的主要领导者瓦西纳(Jaan Valsiner)针对目前心理学研究的分割状态,试图从文化切入,探讨整体的心理过程,以整体推进心理学的研究变革。[①]

文化心理学将人类个体视为完整主体,认为其感受、思想、愿

[①] Jaan Valsiner,"Culture within Development: Similarities behind Differences",华东师范大学"大夏讲坛"演讲稿,2007年,第6—10页。

望和行为在本质上都是"文化"的,即符号的。个体一生中通过文化符号体现着自己,也创造着自己。文化心理学的视角明显有利于探讨个体心理发展,取这一特性,将其称为文化发展心理学似乎更为合适。

一、文化心理学中的"文化"内涵与发展研究

由于同样的科学术语往往在不同理论中含义各异,首先需厘清不同研究取向的心理学对文化的界定,避免因概念相似造成的误解,同时也阐明文化心理学的基本性质。心理学研究中致力于文化研究的主要有跨文化心理学(Cross Cultural Psychology,简称 CCP)、交互文化心理学(Transactional Cultural Psychology,简称 TCP)以及文化发展心理学(Cultural Developmental Psychology,简称 CDP)。交互文化心理学是文化发展心理学的先行者,文化概念和研究观点相似。

(一)跨文化心理学中的"文化": 群体特征与标志

跨文化心理学将文化理解为一个群体具有的某些相同特征,使之成为民族区域或部落的标志。跨文化心理学研究有两个基本来源:文化人类学和心理学。前者指出了存在于不同文化中的人的心理特征的巨大差异,后者通过对文化和环境的分析提供对这些差异的解释。1981 年 H. C. 崔安迪斯和 W. W. 蓝

伯特主编的《跨文化心理学手册》(6卷)出版,它系统地阐述了跨文化心理学的原理、方法、内容和成果,并正式提出了"跨文化心理学"这一学科名称。跨文化心理学认为,个体属于某一群体,具备该群体的特征,使用该群体所通用的文化符号。跨文化心理学探讨的文化,并非文化进程,而是文化建构的背景或社会基础。

(二)交互文化心理学中的文化:交互过程生成的实践和结果

交互文化心理学(TCP)取向中的文化,建构于人际互动之中,以维果斯基的文化历史学派和 M. 米德的个体符号互动理论为基础。交互文化心理学是指,人际互动中的 A 与 B,当 A 的意义系统难以解释 B 的行为时,A 能联系具体交往情景,发展出用于解释突发性状况的特殊文化或具体文化。文化在交互文化心理学中被解释为生成性的社会实践,是人际交往过程中的意义交换。[1] 交互文化心理学可用于解释当一种文化遭遇另一种文化而形成的新的文化特点。跨文化心理学和交互文化心理学都重视差异。前者试图用个体所在的群体环境来解释差异,而后者更重

---

[1] T. Yamamoto and N. Takahashi, "Money as a Cultural Tool Mediating Personal Relationships: Child Development of Exchange and Possession", in J. Valsiner and A. Rosa(eds.), *The Cambridge Handbook of Sociocultural Psychology*, New York: Cambridge University Press, 2007, pp. 508-523.

视由差异带来的文化更新。作为文化发展心理学的前身,交互文化心理学已涉及主体间互动调节、文化的意义转换和文化的建构,但尚未聚焦文化中介功能研究。而跨文化心理学把文化视为稳态的实体,不研究个体内心的文化过程,因而不涉及文化的中介功能。

(三)文化心理学中的文化:发展着的符号中介

文化心理学延续了维果斯基和米德等关于文化的过程和互动性质的理论,同时更重视文化的个体心理功能。文化发展心理学强调文化符号的中介调节功能。他们认为文化以符号形式存在,表征着一定的意义。文化符号是产生心理距离的手段,使符号所指的意义与它所代表的客体相分离,使人将自己从所处的环境中分离出来,从一个自发的行为者成为一个反思者。不断地自我客体化,从而实现自我发展。[①] 文化是人类群体和个体心理发展的载体,也是蕴含在个体实践过程和人际交互作用中的发展过程,是个体心理系统中的组织者。如果说跨文化心理学中的文化属于群体间的比较,交互文化心理学的文化来源于个体间的互动,那么,文化发展心理学在个体间互动的基础上提出的文化则是人类个体心理的系统调节功能。

---

① [美]J.瓦西纳:《文化和人类发展》,孙晓玲、罗萌等译,华东师范大学出版社2007年版,第8—12页。

二、文化发展心理学的基本观点

文化发展心理学的核心在于强调个体发展的符号性与个体使用符号主动发展的意向性。这两者均是通过符号的作用方式以及作用机制实现的,这正是揭示个体发展动力之关键所在。

(一) 符号的意义组织作用

文化发展心理学在符号功能中寻找个体发展的主要机制。个体所形成的符号意义,是对现实生活模糊集合的超概括化。个体所在情境的复杂性与自我发展的动态性,使得个体创造出高级心理机能来对自身和情境进行调节,符号意义由此产生。符号意义的形成具有两条路径:外化与内化。前者是从外界文化到个体内,包含了个体对外部世界的理解和解释;后者是从个体到外界,是个体内部的符号意义外化的过程,这为个体发展提供了机会。[1] 个体将自身经验赋予符号意义,使得共同的社会文化符号转变为拥有个体意义的符号,如同小河流水,有人把它解释为春天,也有人产生家乡的感觉。这与个体的生活体验和现实阅历相连。由此也引出符号的结构性。符号意义是从众多情景中创造出的抽象反映与概括化,并且在自我发展的过程中逐步结构化、

---

[1] Mariann Martsin, "Identity in Dialogue: Identity as Hyper-Generalized Personal Sense", *Theory and Psychology*, 2010(3), pp. 436–450.

系统化。自我内部的矛盾,可以在高一级的符号领域中得以整合。符号意义以此为切入口,阐述个体发展的机制所在。在符号结构中,其最高层次为自动化调节(autoregulation)。为了突出调节的自动性,文化发展心理学中引入了促发符号(promoter sign)这一概念。[①] 一旦某一符号为个体的发展起到了指引作用,该符号或者符号的一部分则被认为是促发符号。个体会产生自动化自我调节,促发符号是自动调节出现的启动阀,在符号结构的最低和最高等级中均可能出现。低等级的有如对饥饿、睡眠等生物本能进行调节。高等级的有如语言难以言表的体验,由非语言符号产生的自动化调节,文化发展心理学将此称为高级失语(speechlessness)现象,如人们欣赏音乐时,感动地说不出话来。高级失语现象类似人本主义心理学家马斯洛所阐释的"高峰体验"。马斯洛认为高峰体验是自我实现的一条途径。文化发展心理学将高级失语现象视为符号调节的最高等级。这两个理论从不同角度强调了身心融合的重要性。符号意义将生理、情绪、认知在个体身上予以统合,形成个体的意义组织结构。

(二) 符号的发展调节

文化发展心理学认为,个体发展由客观的社会他人和想象的

[①] Jaan Valsiner, "The Promoter Sign: Development Transformation with Structure of Dialogical Self", Paper presented at the Symposium "Developmental Aspects for the Dialogical Self", Gent, Belgium, 2004, Jul., pp. 56-62.

社会他人,通过特定符号催化剂(semiotic catalyzers)的支持,在一定的社会环境中发生作用。文化符号被解释为以催化剂的方式发生作用,在心理学系统中,符号直接或间接地促成系统内部质的变化和新异性的产生。个体发展中,催化作用代替了线性的因果关系[①],即因果关系是条件性的,某一因素成为心理功能发展的促发原因,但必须在其他因素的共同作用下才可能起作用,作为一个系统,不同因素相互作用、共同酝酿着心理功能整体的发展[②]。促发符号为催化发展构成了切入点,个体与环境各因素的互动酝酿了催化条件。符号催化剂存在于系统的背景中,提供了进程演化的方向,为自我发展取向提供连贯性。所以,符号催化剂的主要特性是通过情境支持提供必要条件,并为促发符号的展开予以方向性的引导。符号催化剂与促发符号间的作用不等价,符号催化剂不具体作用于心理发展过程,而是起着营造整体气氛的作用。它们对自我发展的未来指向是一般性和抽象性的。符号催化剂作为情景支持,为不同的符号调节间接参与自我的内心对话提供了可能,促发自我定位的建构和整合。在不同的系统组织和类似的心理结果中,其他的情景支持形成支配从属式的结构。文化发展心理学认为,个体自我报告的矛盾性非常重要,矛

---

① Aaro Toomela and Jaan Valsiner (eds.), *Methodological Thinking in Psychology: 60 Years Gone Astray*, Information Age Publishing, INC, 2010, pp. 8-12.
② 李晓文、王晓丽:《文化发展心理学方法论探讨》,《华东师范大学学报(教育科学版)》2006 年第 4 期。

盾性反映了个体处于发展的特殊状态，由催化条件提供的情景支持导致冲突和两难情绪出现。这是因为个体内心的某个自我定位管理着一组生活体验，另一个自我定位可能管理着一组截然相反的生活体验。两者间的张力自然形成催化条件，致使心理功能朝向冲突与矛盾。在这一状况下，自我不得不进行调节，从而促进发展。

（三）作为开放系统的个体

文化发展心理学将个体视为开放系统。个体与其所在的环境进行着信息交换与互动，这是发展的动力机制。个体的环境包括文化组织、个体对环境予以的文化解释、环境文化组织起来的个体的人际关系和个体的自我建构。换言之，文化以群体文化与个人文化两种形态存在。个体文化是群体文化内化的结果，群体文化规定个体文化的发展，为个体发展提供了未来行为的目标，又由个体意义系统外化而构成。作为意义表征的符号并非孤立存在，而是存在于人与人的关系中。文化的符号意义虽然由人赋予，但不是单个人的创造，而是人与其社会环境共同建构的结果。因此，有研究者把作为开放系统的个体与环境间的互动巧妙地比喻为个体发展的"光合作用"。个体作为开放系统，在主动地转化文化信息的同时，也传递着自己独特的意义建构。两者间动态生成的过程，既是文化传递的过程，同时也是个体心理发展的过程。

(四)处于时空中的个体

"Chronos"和"Kairos"是古希腊术语对时间的不同表述方式。两者的区别在于,前者是年代学意义上时间,可以由时钟或精密计时器来度量;而后者属于周期性的时间,是带有开端、中间和结尾的事件的时间,是与意向和目的有关的生活时间。英国社会学家安东尼·吉登斯在《社会的构成》中提到,大多数社会学者仅将空间看作行为的环境,将时间视为可以用于测量的钟表时间。而在他看来,需要研究社会系统在时间延伸方面的构成方式,才能建构合理的社会思想。美国社会理论家伊曼纽尔·沃勒斯坦也认为,以往的社会理论中,时间被视为自然的常态,是外生变量而并非连续性的社会创造。事实上,"时间"不仅是纯外生变量,而且还是我们理解社会机构和历史变迁的关键所在。文化发展心理学使用了"Chronostope"一词来表述时间。"Chronostope"虽是以"Chronos"为词根,其意义却更偏向"Kairos"。"Chronostope"一词源于数学,爱因斯坦的相对论对其予以了阐释。文化发展心理学借用该术语,以揭示其隐喻。时间和空间虽然是个体发展的两个维度,却整合于社会进程与个体过程之中。时间与社会发展、个体发展紧密相连。时间与生命和经验的历史与活动和事件的进程密不可分,离开了具体的生活进程,根本没有时间的存在。时间与心理发展过程更是不能割裂的,个体发展蕴含在交互作用的实践过程中,具有历史性,过去经验、现在状态和未来方向融入个体心理世界,转化为行为流呈现在时空中。心理时间并非均衡,关键性的、有意义的参照点,如作为生理转折的断乳期、青春期等和作为社会转折的入学、工作、结婚等,对于个体的意义远远大于其他时期,它们凸显出来,形成非连续性的心理感受。

三、文化发展心理学的关注点

(一) 关注人类的高级心理机能

高级心理机能的发展是文化发展心理学的研究对象。关于低级心理机能和高级心理机能的划分主要来源于维果斯基。他认为感觉、知觉、机械记忆、不随意注意乃至形象思维、情绪等心理过程属于低级心理机能。从发生学角度看,低级心理机能为动物和人共有,是生物进化的结果。每一种新的较高的心理机能的产生都必须伴随着有机体结构的改变,特别是神经系统的进一步复杂化。到了人的阶段,随着心理的不断发展便产生了各种高级心理机能,在低级心理机能的基础上发展。在机械记忆上增添了逻辑记忆,在不随意注意上增添了随意注意,在形象思维上增添了概念思维,在再现想象的基础上增添了理论性想象,在低级情绪的基础上增添了各种如道德感、理智感等高级的情感,在冲动性意志的基础上增添了预见性意志。所有这些如随意性注意、概念性思维、理论性想象、高级情感和预见性意志等,便被称为高级心理机能。随着有机体结构的改变,特别是神经系统的进一步复杂化,在低级心理机能的基础上,人类产生了高级心理机能,如逻辑记忆、概念思维、道德感、理智感等高级情感。人和动物的重要区别就在于高级心理机能。这些心理机能之所以"高级",概括起来有两点:一是心理的"随意机能",即相应的外界刺激物不存在或没有发生较强作用时,人们可以凭自己的主观愿望和意志寻找它,将它呈现在头脑之中,并产生相应的反应动作。二是心理的"抽象机能",即通过概括形成各种级别的概念,并且运用它们来判断或推理。人和动物的根本区别在于人的高级心理机能,在社会文化情景中,个体通过符号建构意义,将抽象而具有等级性的符号变成促进发展的动力,体现个体的主动性。文化发展心理学将对认知、情绪、意识等高级心理机能的研究统合于主体,从整体上关注高级心理机能。文化发展心理学的研究目标在于揭示个体如何利用符号维持意义和产生改变,以及如何利用符号意义促进个体发展。要实现这一目标,必须选择与之相匹配的方法。这也是文化发展心理学所倡导的方法论探索。从发展的观点来看,利用符号资源、获得符号意义的高级心理机能是动态的发展过程,因此文化发展心理学的中心问题是解释不同层次的动态功能,探讨发展的系统性和多样性。

(二)在动态过程中研究发展

文化发展心理学分析思考个体和文化环境的互动联系。个体发展具有方向性,是锚定点、起始点和未来定向点之间的定向的过程。同时,发展具有非线性。过程中的暂时性退化对个体发展具有建构意义。它们并非"后退"到过去的状态,而是表明当前心理系统正处于等待状态,以出现重新组织,并"跨越"到全新的水平上。具体如下页图所示。过程的概括性与突变性正是文化发展心理学研究的重点。

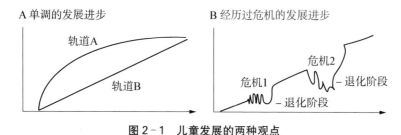

图 2-1　儿童发展的两种观点

资料来源:[美]J. 瓦西纳:《文化和人类发展》,孙晓玲、罗萌等译,华东师范大学出版社 2007 年版,第 2—4 页。

(三) 在特殊性中概括一般性

重大事件往往蕴含着一类事物的关键信息,特殊场合发生的事件会凸显出某种规律性的反映,个体的发展也是如此。个体发展既是特殊经历,也蕴含着发展过程的关键属性。而现实的发展是复杂的生态现象,不可能在任何一个高级的实验室条件营造相同的生态发展过程。而且,生命进程中的事件一旦发生了就成为历史,不可能复制。因此,文化发展心理学强调从特殊现象中获得概括性的知识。时间是发展过程的组织者,所有局部事件都发生在不可逆的时间中,从而形成了历史的连续性。不断发生的历史通过概括的分类框架创造出了具有连续性的个案。发展的进程往往是多条件共同作用的结果,各种因素协同作用,不同类型的新意义涌现,彼此之间相互对话,有冲突、矛盾、妥协、共识,这些交互作用推动了发展。因此研究发展适合于选择典型阶段中的个案,从微观发生意义上分析心理变化发展如何产生,符号意义如何推动个体发展。从局部的具体的现象中提取出来的意义之符号中介过程和动态组织,在一定程度上反映着普遍性的发展机制。

(四)聚焦于研究转折过程

转折是文化发展心理学关注的中心问题,并且采取符号互动视角来分析。个体心理的符号内涵与心理价值及其自我的组织调节是不同的,符号及其中介具有差别性和等级性。这些差异具体表现为新旧意义在个体系统的各层次,以及宏观、中观和微观各水平,以不同的方式形成联系。当不同意义符号相遇时,势必引发冲突,冲突的加剧会造成个体的混乱、迷茫和选择,文化发展心理学以此来解释发展中的转折期,并认为研究的关键是要寻找导致转折产生或帮助转折解决的"促发符号"。转折期的变化,集中体现在个体作为开放系统如何与环境展开互动。新阶段来临之际,个体如何利用关系改变之际把握发展契机、形成发展行动,是值得研究的问题。如果忽视或者简单化地对待这些问题,很容易倾向于只关注作为发展结果的阶段特征,而忽略了发展的过程性、复杂性和模糊性。探讨发展转折期的关键,正是要探讨形成发展的复杂模糊的过程规律,在生态系统中理解发展关系模式的变化。总之,文化发展心理学从符号中介的视角探讨发展的主要议题。文化发展心理学认为,文化以符号调节的形式在心理过程中发生作用,符号表征形成心理结构,在符号互动中产生心理变化。个体以符号为中介建构意义,在生活事件与个体经验的交互作用下产生符号中介。文化发展心理学聚焦特定的文化氛围催化和符号促发,在心理层面研究发展。这一观点提出了考察心理发展的新视角和方法论的新探索。

文化心理学认为人类的环境是文化组织的,人对环境给予了文化的解释。作为意义标准的符号不可能是一种孤立的存在,必须存在于人与人的关系之中。文化中的符号意义虽然是人赋予的,但不是单个人的创造,而是人与其社会环境共同建构的。因此,文化符号的传递是双向的过程,每个发展中的人作为一个开放的系统,主动地转化文化信息,也向对方传递着自己独特的意义建构。双方都在经历这重新建构,从而也在改变着群体文化系统。两者之间动态生成的过程,既是文化传递的过程,同时也是个体心理发展的过程。文化发展心理学以主体感受的意义和文化建构为对象的主位性,特别适合进行主体性发展的研究。

第二节　动态系统理论认识下的青少年发展

科学哲学的认识论和方法论的转向过程中,动态系统理论应运而生。美国印第安纳大学的特伦(Esther Thelen)教授最早将它运用于心理学的研究之中。他认为动态系统方法适用于对心理的复杂系统进行研究。特伦教授去世后,在范海尔特(Paul van Geert)和刘易斯(Marc D. Lewis)等一群研究者的共同努力下,动态系统理论正在成为能够用于跨学科的发展现象分析的元理论和研究方法框架。在心理学领域中,基于动态系统理论的研究具有两种取向。第一,重视质的方法,提出包含着一套能够体现动态发展观的基本概念,如吸引子、相空间等,它们是对变化敏感点和发展过程进行生态学微观分析的主要视角,也是揭示真实的发展变化过程之复杂机制的切入点。该取向反对用概念解释行为,反对实体观和循环论证,主张研究真实的心理状态和真实状态下的真实行为。第二,拥护取向的研究者主张用比喻、隐喻或心理术语来解释心理现象,用变量、参数形成数学模型,关注宏观模型或参数之间的关联性。

一、 动态系统理论基本概念中蕴含的发展观

个体成长是身体、行为和环境耦合的复杂整体。所谓"耦合"

是指个体成长过程中的所有变量不断相互影响、塑造、决定,并动态演化着的过程。由此,泛泛地谈发展极为艰难,且难以揭示规律。相对来讲,个体的突变特别具有研究价值,它蕴含着具有普遍意义的发展机制,是一个从混沌到有序的过程。理解发展需要理解突变,认识突变,并研究突变。

(一)各系统交互作用形成青春转折期

动态系统理论认为,发展是不同子系统在不同时刻的交互作用,各子系统彼此改变的同时,也改变着整个系统。处于青春期的青少年经历着巨大的变化。首先是身体的发育带来的一系列错综复杂的变化。生理变化、个体认知与控制能力的发展、人际交往能量转向。生理发育、社会化过程、社会环境等子系统的交互作用,促使转折期变化很容易在青春期出现。转折性变化意味着系统产生着结构性改变。

(二)动态系统理论视角下的青少年发展中的动力

发展系统中的某些因素对青少年的发展具有吸引作用,动态系统理论将其称为"吸引子"。吸引子是1971年法国物理学家吕埃勒(David Ruell)和荷兰数学家坦肯斯(Floris Takens)为解释耗散系统引入的概念,以此来揭示流的发生机制。后来,吸引子又成为混沌理论中的重要概念,用于解释复杂开放系统的演化规律。动态系统理论借鉴了混沌理论中的吸引子、相空间等概念,并将它引入心理学领域。动态系统理论认为,个体本身是一个耗散系统,他/她始终跟环境和他人进行交互作用,这正是个体发展的动力所在。动态系统理论用相空间来描述个体发展,它认为个体的发展是相位的变化。由于交互作用的存在,个体的相位变化以突变或非连续性的方式发展。发展的轨迹以平衡—不平衡—平衡—不平衡……的形式出现。个体之间的人际互动可能导致个体发展过程中的不平衡,从而促发吸引子的出现。吸引子是个体发展运作的动力源。吸引子所在的相空间不同,吸引子本身的差异就会造成个体发展的多种可能性和个体之间的发展差异。由于受到时空二维约束和吸引子作用,虽然相位包含了个体发展所有的可能性,但是个体的实际发展轨迹只有一条。因此,对于特定个体来说,所有可能的相空间或者不确定的发展轨迹会收缩成一条已有的轨迹。例如儿童言语的发展,当婴儿刚出生时,他具有学习任何一种语言的可能性,但是他一旦置身于某种环境

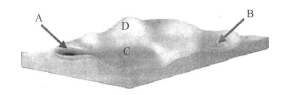

注:A、B、C是吸引子,D是排斥子。

图2-2 吸引子和排斥子在某一个相位中的表现

资料来源:Martin, C. L., Fabes, R. A., Hannish, L. D. et al., "Social Dynamics in the Preschool", *Developmental Review*, 2005, 25, pp. 299-327.

中,他接纳某种语言,就排斥了其他语言成为母语的可能性。和吸引子相反,有些状态从不发生或很少发生,这种状态被称为排斥子。比如破裂的夫妻关系中,积极的互动就很少出现,如一起开怀大笑。在破裂的夫妻关系系统中,积极的互动就是一个排斥子。任何动态系统都是由吸引子和排斥子共同组成的,在形成过程中由于它们的共同影响出现波峰和波谷,具体见图2-2。

从一种状态到另一种状态是系统结构的变化,即相位改变。相位的变化反映了发展结构深层次的变化。旧的状态的断裂给新的状态发展的机会。系统变得不稳定且难以预见。这时外界因素的影响作用变大。个体的侵略行为增加,也为行为干涉提供了最佳时间。因此,确定转折期对干预和促进发展具有重要的作用。吸引子、排斥子、相位等概念的提出明确了发展的过程性,并能从微观角度对过程进行放大分析,能看到具体而非抽象的发展。而动态系统理论对于心理学研究的意义在于能够利用该理论刻画出相位变化轨迹,找到促进相位变化的吸引子和排斥子,从而揭示心理系统发展的机制。

(三) 从嵌套时间观看个体发展

所谓嵌套时间观是指发展过程中的每个时间点都具有多重维度的时间意义,即系统的每个状态都受制于前后状态,在个体发展的时间轴上,发展时间(t)上的状况决定了在($t+1$)发展时间上的状态。嵌套时间观认为个体发展同时受到过去、现在和将来的影响。现实生活中不同的意义因素可以成为吸引子,该意义因素本身又受到过去吸引子的影响。吸引子具有时空的重叠性。比如,青少年在发展过程中追求学业成功,有很多亲密朋友,或者有知心爱人,但如果他/她接触了大量言情小说,沉迷于情爱幻想,对知心爱人的追求就可能成为其状态空间中较重要的吸引子,而其他的追求变得不再重要。曾经出现过的吸引子限制着个体的发展方向。这是动态系统中吸引力的体现,在个体身上会表现为自动化或下意识的行为。比如,亲子交往中有亲密、合作、批评、敌对等相处方式,长期在家庭暴力环境中成长的青少年,会把父母偶尔一个示好的拥抱理解为父母要动手了,从而表现为抱紧头部,进而激发敌对状态,引发再一次的家庭暴力。

嵌套时间观在一定程度上解释了吸引子的形成,吸引子产生于重要人际关系中的行为。需要结合个体的成长经历和成长倾向考虑行为的意义,将包括家庭活动、班级活动、学校活动在内的一系列活动作为引导发展的着力点。

(四) 研究青少年发展的路径

在上一节中,我们提到了研究发展需要关注发展的转折期,关注突变。从这一节的理论来分析研究青少年发展还需要着眼于互动关系。

动态系统理论强调关系视角,主张要关注不同时间线索、不同状态、不同人际交往模式中发生着怎样的相互作用。对青少年的研究要采取关系视角,充分关注青少年敏感倾向的敏感源,以及生理发育与学业压力、同学、朋友、师长等各因素间的交互作用,学校、家庭、补习班、兴趣班、公共场所、娱乐场所等空间因素的交互作用,以及交往关系与空间关系间的交互作用。

由此也出现了一些具体的研究方法,比如空间相位方格法。该方法既可以用于即时现象的描述,也可以用于长期的发展研究。它通过图表将顺序变化或质性分析以二维的形式绘制为系统定义相空间。然后描述心理结构式如何在各个相空间中转化,将抽线信息变成可视的图表。例如,某发展过程具有 A、B、C、D、E、F 六种状态,空间相位方格法先确定这六种状态,再研究发展的变化过程,也许是 A—C—E—F—B—D,也许是 C—E—A—F—B—D 等。这些从某一状态到另一状态的引发因素就被称为吸引子。很多共生的吸引子同时存在。还有比如即时研究、短时转变、长时转变等方法,由于过于琐碎,这里就不再赘述。

还需要强调的是,不论是文化发展心理学还是动态系统理论均强调研究者的角色。研究者不再是客观中立的旁观者,而是青少年发展动力系统的一部分。在实验心理学中研究者担心的研究者效应,在青少年发展中却成为了解青少年发展、推动青少年发展的助推力量。研究的科学性恰恰体现为在现实世界里展开研究,解释真实生活的发展规律。[①]

[①] 周丽华、李晓文、乌阿茹娜:《动力系统观视野下的青少年发展研究》,《华东师范大学学报(教育科学版)》2012 年第 3 期。

第三节　人的潜能发展观与青少年的发展

青少年发展的过程是个体潜能发展不断实现的过程。青少年能在该过程中实现个体价值、生活意义与社会道德的统一。

一、人的潜能发展观与道德教育

根据对文化发展心理学和动态系统理论的梳理,本部分提出人的潜能发展观,即人的发展有自我完善的倾向。这是成长发展和道德发展的根本。而教育则必须从青少年的成长需要出发,遵循其发展规律,从而引导青少年的潜能发展。

从发生学与进化论的角度来看,人与动物在生物学结构方面的最大区别在于,动物的生理结构能够成型化、专门化与成熟化,因此动物出生不久就能断乳、离家、独立,并在有限的环境中生存。而人是"早产儿",这里的"早产"不仅是生物学意义上的,也包括社会学意义上的"早产"。人出生之后,生理器官并未特定化或专门化,其生物功能和社会功能还需要大量的时间成长、成熟、学习、完善。由于人的未完成状态与长久的非独立生活状态,因此人必须要归属于群体,在群体互动之中,在创造性的或现实性的生活之中,在不同的文化滋养之中实现对自身有限性的超越。人的独立过程相当漫长,除了有生物体意义上的独立以外,还包括人格与精神的独立,而后者显然更为漫长与艰难。因此文化、符号、意义成为人的另一个生活空间。人在不断的社会交往中改善已有的生活状态,在接纳、互助、包容、尊重之中实现着个体的发展。

个体的成长、成熟对教育提出了新的要求。教育不能仅停留在已有现象本身,而需要聚焦发展的可能性,聚焦未来。发展的潜能要求教育要走在发展之前,以此来引导发展,促进发展。青少年出现的问题和表现出来的若干有趣或怪异的现象,是发展中的问题。对问题的纠正和改变仅仅是针对表象的改变,还是促成了青少年某一个方面的发展,更多的探索需要关注青少年的内在发展动力与发展潜能。青少年在家庭生活、学校生活和社会生活中不断摸索寻找自己,逐步进行自我定位,这就是主体发展的潜在动力,与认知情感等心理因素共同构成发展的潜力。

青少年发展具有明显的年龄特征。这是有效道德引导的基础。青少年的人际交往、生活学习环境和历史文化资源以及每天的真实生活中,都蕴藏着潜能发展的丰富内容。我们需要有研究的敏感性,从青少年潜能发展的角度考虑,将青少年道德引导与青少年发展相结合,拓宽思路,拓展路径。平凡生活中蕴藏着很多发展的契机,比如家务劳动的参与可以变成责任感和时间管理能力培养的机会;教室大扫除的工作可以成为协作分工与自我锻炼的机会;和同学的出游可以成为发掘和反观自我的机会。对此,我们必须理解不同年龄青少年的需求。不同年龄阶段、不同年级的学生面对同样的生活场景或学习场景,其感受到的意义与引导的方式也存在差异。

德育的核心问题实际上涉及对道德性质的认识。道德是人类对自身发展的追求。道德规范在引导人类个体自我完善的同时,也制约着个体的为我性和动物性原始本能。① 一般人对道德存在某种似是而非的偏见和或多或少的误会,首先我们需要对这些偏见和误会予以正视和澄清。第一,曲解弗洛伊德的心理学理论,将道德与人性对立,把动物性的原始本能理解为人性,认为道德压抑人性。这种看法全然没有看到人性除了动物性以外,也包括追求卓越、美好与向善的属性。因此,道德性也是人性的组成部分,而且是人性发展完善的部分,盲目推崇原始本能,将动物性原始本能与所谓的自由相联系,会强化生活中的损人利己与自私自利,贬低和弱化对真善美的追求。第二,过分强调道德的阶级压迫性与政治属性,将封建道德与当今的道德混为一谈,认为道德是对个体的强迫甚至压迫,从而造成对道德教育和人格教育的贬低,甚至认为道德教育是奴化教育。

要改变这种状况,需要明确道德性质,强调道德的社会意义,强调道德对整个人类群体生存和发展具有重要意义,对社会的稳定和发展具有重要意义,对个体的自我完善、自我发展与价值引

---

① 李晓文:《依人生发展本性探询德育路径》,载上海市社会科学界联合会编:《改革开放与学术发展:重建·创新·贡献》,上海人民出版社2008年版,第529—533页。

领具有重要的意义。尤其是对于青少年,彰显道德对自身的意义非常重要。道德行为对个体带来自尊自信与自我价值的彰显。"做大写的人""堂堂正正中国人""不枉为人"等都是从人与动物的根本区别来认识道德问题,通过激发道德情感引导道德行为,并关注普通人的生活质量与精神世界,这些话语至今仍然能跟青少年产生强烈的共鸣。

二、"成长需要"与青少年发展

"成长需要"所关注的不仅仅是"现状",而且是"潜在",是主体朝向未来发展的倾向与趋势。德育是"使自己充分地、适当地成为他所能成为的人"。因此,道德引导需要研究青少年的成长需要,而不仅仅是为了完成从上到下摊派下来的德育任务。研究青少年的成长需求是一项需要不断研究、综合性和渗透性极强的工作,也被定位为道德引导或是学校德育培养的首要任务。在这样的定位下,需要做出以下几点:第一,研究青少年的年龄特点和学龄特点,选择能有效促进发展的视角,帮助他们在可能性的基础上进一步发展。第二,让青少年主动健康地发展。"主动性"强调开发成长中的个体的内在动力,并且为持续发展奠定基础。"健康发展"实指需要将适应社会要求与对个体生命质量的关照结合起来。因此,要让教育切合于发展主体的成长需要。

从之前的研究和"新基础"项目的实践来看,研究者对"成长需要"的认识有三次转变和提升。①

（一）"成长需要"防止重"需要"轻"成长"

对于青少年来说,他们处于生理、心理的双重成长以及与周围环境的双向互动之中。在一定程度上,他们尚处于自我意识不成熟的阶段。要认识他们的成长需要非常困难,因为连他们自己也不一定能意识到自己的成长需要。在研究性实践过程中,研究者对"成长需要"这一概念的认识本身也在不断发展,在尝试中不断推进,在实践中从模糊走向清晰。很多普通读者、家长、老师甚至研究者,在初听到"成长需要"时,都会把关注点放在青少年当下的喜好和需求上。我们会自然而然地把"需求""需要"甚至"欲望"当成"成长需求",而有意无意地忽略了"成长"的含义和本质。为什么会有这样的反应和表现呢？追根溯源,有以下这几个原因：首先,受文字表述本身的影响,容易造成所谓的"望文生义"甚至"断章取义"的错误。成长需求会被理解为要先从需求看成长,从需求来促进成长,从而把"需求"与"成长"相割裂。"需求"是具体的、方便的、可以捉摸的,而成长是抽象的、需要花功夫的、难以捉摸的。其次,这些年"以孩子为中心""以学生为中心"的口号影响了我们的判断。"以学生为中心"的观点出自美国心理学家罗杰斯,由最初的"以患者为中心"见解推演而来。不能说罗杰斯的

---

① 李晓文：《三探学生的"成长需要"》,《基础教育》2006年第3期。

发现异想天开,因为这一发现与罗杰斯临床所接触的患者的文化层次和年龄特点有关。他所接触到的来访者是一些文化水平较高的成人,加之与美国文化的个体化价值取向吻合,所以"以患者为中心"的理解得以广为传播,甚至在中国教育界也几乎成了口头禅,这种阵势恐怕连罗杰斯本人也不曾料到。然而,最近几年,罗杰斯及其传承者也在对此进行反思,他们认为来访者与咨询师之间的良性互动要好于所谓的"以患者为中心"。这也提醒我们,口号式的教育理念固然简单、直接、好理解,但是青少年的真实成长状态却是充满着模糊与不确定的,更需要人际互动与环境互动的参与,而不是简单的以谁为中心。

(二)"成长需要"关注"问题状态",更要聚焦发展趋势

对"成长需要"的初步理解,使得研究者开始就该问题进一步思考,并达成以下共识:成长需要是指向未来状态的、发展性的需要;成长需要具有发展的可能性,能够在当下状态的基础上产生新的成长;青少年的成长需要是在亲子互动、师生互动和同辈互动中构建起来的。然而,概念的界定还只是获得了一个比较笼统的认识,只有通过研究实践的感悟,对成长需要的理解才会不断清晰起来。在探索青少年成长需求的同时,我们常常会陷入一些刻板化、套路化的教育模式,比如某个阶段的青少年只跟同性玩,不跟异性玩,我们可能会说要团结同学,要友善交往。其实我们

根本没有触及隐藏在现象背后的深层次原因。这也许是青少年在寻求性别认同、寻找同性榜样过程中的某种自发性的表现，恰恰说明他们模模糊糊地感觉到，但又很难用言语表达的某些需求，这时候就亟须成长需要的思维，使之成为促成青少年性别意识发展与同伴交往发展的极佳切入点。在关注青少年成长需求时，我们需要突破静态化、线性化、抽象化的道德引导，洞察到看似问题状态背后暗藏着的成长机会。因此青少年的发展需要从聚焦"问题"转向关注未来的发展趋势。

（三）"成长需要"要让青少年在主动建构中健康发展

研究和分析青少年的成长需要必须确立成长的视角，真正把青少年视为在真实生活中经历着成长过程的人。因此，对于青少年内在的、固有的基本内在需要，当然要给予高度的重视。对于青少年，甚至对于一个人来说，固有的基本需要就是每个青少年都具有的自尊和自主的需要，希望得到关注和认可，需要受到赞赏和好评，期望得到独立和表现的机会。

内在需要是形成青少年成长的内在动力，有效展开教育引导的立足点。只有认识到青少年有成长的内在需要，关注他们的需要，才可能避免不近人情的评价。比如，一年级学生初入学校，往往满校园跑。如果仅仅看到他们不守规矩的行为，就会只是着重通过严格规范训练。如果关注他们的需要，就会看到他们需要身体的活动，看到他们对探究的好奇和兴奋，就会根据他们的需要组织群体性的活动,设计积极的评价标准,让他们在集体游戏中适应新的环境,学会参与集体活动,喜爱新的学习环境。成长过程的观点将成长视为一个现实的实践过程,不把僵化的静态的框架套到这些活生生的孩子身上。青少年的兴趣和行为表现,不可能是一个始终如一的稳定状态。而成长中的普遍表现的问题,则是成长过程的真实状态。生命的成长是凝聚在每一个体生活中的最为现实的事情,不可能完全符合成年人的标准和想象。

成长需要的观点视青少年的外在表现为内心状态的外化,是正常需要的吐露。青少年普遍的表现随着发育、适应环境、角色定位、情感和认识能力的发展而变化,研究者要分析这些表现,透视其中蕴涵着的成长需要。比如青少年告状方式和内容的变化,透露出对教师帮助的各种需求,以及自尊认可和独立的要求和能力变化。从同学交往方式的变化也可以看到学生的选择倾向和内心丰富性的变化。真实自然的状态可能孕育着多样的趋势,如滞留—退化—进步—质的提升等。而这多样的趋势最终形成何种走向,决定于环境和个体诸种因素的相互作用。促进青少年主动健康的发展,就是要在这些真实存在、生动丰富的现象里觉察出成长的契机。因此,成长需要的研究不仅仅需要研究问题,解决问题,还要分析成长的潜能,拓展青少年的潜能,创造条件使他们在实践活动中产生内在成长需求。青少年主动建构的活动成了他们的日常生活,从而把生活"还"给学生,使他们成为学校生活、家庭生活的主人,从而成为自己的主人。我们应将青少年的发展建构体现为一种拓展性的活动,适应成长需要和潜能,创造出综合性、渗透性的活动机会和情境,形成情感的丰富性发展,实现交往能力、组织能力、创造能力和自我调节能力的提升。

第三章

青少年自创文化符号的
实例及其规律初探

第一节 青少年自创文字符号的意义表达实例

这部分将呈现三个案例,都是以文字形式的自创符号来表达不同的个体意义。在此,我们可以发现文字类自创符号的某种共通性与个体发展意义的差异性。

一、以自创符号游戏化地对抗现实规则

> 姓名:北北(化名)
> 年龄:3 岁 11 个月
> 性别:女
> 教育水平:幼儿园小班

图 3-1 是 3 岁小女孩北北于 2018 年 8 月 29 日自创的符号,据她所说是只有她自己认识的文字。促发其创造出类似符号的原因是,在亲子阅读的过程中,北北发现自己基本上不认识

图 3-1 北北的自创文字符号

绘本中的文字部分,于是就自创出这些类似于文字的符号。当父母问她这些符号代表什么含义时,她洋洋得意地说:"你们不认识吧,我就要你们也不认识。"

从北北的自创符号可以看出,她的自创文字具有如下一些特征:首先,符号几乎不包含任何意义或发音;其次,符号的排列随机,不存在规范的书写规则;最后,符号类似于绘画中的某些形状。总的来说,这些符号不具有交流特征和具体意义,而具有某种个体意义。她是在以自己的符号游戏化地对抗她不识字这个事实。亲子阅读对于亲子互动来说是非常好的形式,但在亲子阅读的过程中,北北意识到了识字这种她还没能掌握的能力。而识字能力的掌握是需要花时间精力的,当她还不识字或是还没开始识字的时候,一方面她渴求能识字,能进入家人都已掌握的符号系统中来,另一方面她追求某种对等的关系,于是创造出"父母也不认识"的符号,以实现某种心理平衡。

北北的自创文字具备的意义感还不明显,这些符号并没有特定的含义,仅仅是她模仿汉字创造出来的"类文字"。这些符号具

有文字的形式,但不具备文字的意义,甚至带有某种绘画的图形感,但这些对符号的创造,既反映出北北对文字的兴趣,也反映出她对识字既抗拒又渴望的双向性矛盾。这一方面需要父母继续观察并适当鼓励她的创造性,另一方面也是开展简单识字教育的契机。

二、记录和交流性质的符号化文字

> 姓名:诗诗(化名)
> 年龄:5 岁 7 个月
> 性别:女
> 教育水平:幼儿园大班

图 3-2、图 3-3、图 3-4 分别为一个 5 岁小女孩诗诗在 2019 年 9 月、10 月和 11 月三个月中自创的"天书"(其妈妈的表述)。促发其书写此类"天书"的原因是,幼儿园老师不再在微信群中给家长发作业提醒,而是锻炼小朋友自己记录课后作业。还没有系统学习写字的小朋友因此开始以各种形式记录作业和活动,于是诗诗出现了类似"天书"的记录,最初表现在 2019 年 9 月 20 日(图 3-2)。诗诗父母是过了一段时间才发现的,已经不太能说清楚图 3-2 所记录的内容,大概意思是:

第三章 青少年自创文化符号的实例及其规律初探

图3-2 诗诗自创文字符号(1)

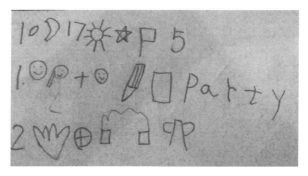

图3-3 诗诗自创文字符号(2)

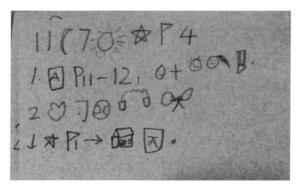

图3-4 诗诗的自创文字符号(3)

9月20日

1. 看阅兵,爸爸妈妈和我带着国旗出去玩照相
2. 练习拍球、跳绳和系鞋带

随后,诗诗再次在10月17日进行记录,这次诗诗妈妈请她详细解释了"天书"的含义,具体如下:

10月17日　星期五

1. 爸爸妈妈和我一起策划一次party流程
2. 练习拍球、跳绳和系鞋带

关于月、日、星期,诗诗使用了具体符号的谐音的方式记录,"爸爸""妈妈"和"我"使用了图画的方式,类似于儿童画,"策划"则用练习册代表"策",画笔的动态意义代表"划",使用了语义与谐音共同代表意义,而且出现了正确的英文单词拼写"party"。这跟幼儿园强化英语教育有关。在第二条记录中,用五指图形代表手,三个图像分别代表拍球、跳绳和系鞋带,构图简洁明了,球、跳绳和鞋带表现得直观形象,但在形象中又蕴含着抽象。从9月20日到10月17日近一个月的记录来看,有以下一些特征:首先,诗诗具有连续而统一的符号使用规则,如月、日、星期,用五指符号表示手,以及拍球、跳绳和系鞋带等。了解了其中的规律,基本上她所表达的意思,她的父母甚至包括笔者这个旁观者就能猜出大

概。其次,诗诗的符号表达日益精确化,细节感更强。如同样是代表"手"的五指符号,9月20号的记录笔者就看成了"云朵",因此难以理解,而10月17日的五指符号明显更具有手的特征,除"拍球"中的"球"区别不大外,"跳绳"和"系鞋带"则更具可视性。10月17日的"跳绳"较9月20日更具真实的扭曲感,"系鞋带"的鞋子与带的关系在10月17日的符号中更具鞋子两边分叉后由鞋带连系的生动感。而11月7日出现的"练习拍球、跳绳和系鞋带"跟10月和9月又发生了变化,其中最根本的不同在于出现了第一个符合社会标准意义上的中文文字符号"习"字,虽然前面仍然有一个五指符号代表手,但第一个准确的中文文字出现了。"拍球"的"球"出现了装饰意义上的变化,9月和10月的"球"的图案中间画十字,而11月的中间变为两个半圆,球的图像意义从较为写意变得愈发写实。

掌握以上变化规律,11月7日的记录的大致意思已基本能够被理解。图3-4的符号表述为:

11月7日　星期四

1. 书上11—12页,我和爸爸妈妈一起做

2. 用手练习拍球、跳绳、系鞋带,下星期一带去幼儿园

符号表述的内容更加丰富,甚至出现了较之前两组符号记录

更好的版式布局。符号字体大小合适,间距、行距清晰明了。诗诗的自创文化符号在一定程度上带有语言文字的雏形,掌握书写规律和阅读规律之后,能在某个群体内交流。

三、对现实文字符号的刻意模仿

姓名:安安(化名)
年龄:14 岁
性别:女
教育水平:初二

图 3-5 是安安父母发现安安在作业本上"创作",是仅此一次的发明,还是持续的创造已经无从得知。安安自创文字的特点是,虽然每个符号都没有表音或表意,但仔细观察会发现,每个符

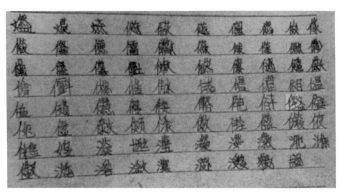

图 3-5 安安的自创文字符号

号几乎都带有真实汉字的影子,是真实汉字某些特征的组合。自创文字以左右结构为主,仅最后一个字为上下结构,整个布局格式规范,甚至还用不同颜色做了区分。

安安的自创文字复杂且规范,与北北自创文字的笨拙与简单形成反差。但两者有某种相似之处,即都是通过自创文字反观现实。北北的自创文字是对已有文字符号系统的对抗,表达出"我不会,就也要造出一些让你们也不会"的意愿,安安的自创文字更带有自娱自乐的色彩,"文字是这么回事,我也试试看"。但无论是北北还是安安,其自创符号仅限于自我系统之中,缺乏跟外界的信息交流与共享的可能性。

相比北北和安安,诗诗的自创符号则让人眼前一亮。诗诗的自创符号拥有现实意义,具备记录功能、交流功能与模仿可能。其自创符号是谐音、指代和辞义三者的结合,某些符号甚至具有早期汉字的雏形。诗诗的自创符号反映出儿童在系统性地学习汉字之前,已经具备某种内生的符号系统帮助他们理解自我与周围的关系。而规范汉字的学习恰好是在这套内生符号的基础上进入其自我系统之中的。知识学习的过程不是外在的要求,而是跟青少年的内在的某种成长需求达成了一致。如果以这种方式来理解学习,不论是知识学习还是道德学习,学习不仅是制度化的规范,更是个体自我丰富和完善的内在诉求。

第二节 异性交往类自创文化符号的"恒常性"

异性交往始终是青少年自创文化符号中频繁出现的内容，既包含了动作符号，也包含文字符号。本节将展示几个具体实例。

一、青少年在交往和比较中形成对自身的定位

（一）体现"我们感"的"打闹游戏"

> 我们经常跟男生打架的。男生最讨厌了，所以才会跟他们闹别扭。在体育课很明显。明明是我们跑得快，男生却说我们跑得慢，还嘲笑我们。到下课的时候，他们会故意打女生，除了中队长，小队长、大队长什么的，其他男生都会故意打我们。他们还把扫把、垃圾桶放在我们座位下，把我们的东西扔到楼下。而且他们上课在老师面前说我们不好，下课还踩我们的考卷，经常戏弄我们。
>
> ——来自上海某小学三年级女生的描述

"打闹游戏"在上海小学三年级学生中较为普遍，并通常以群

体形式出现,即女生群体和男生群体间的行为。通过该游戏,以性别为区分标准,一方面拉开了女生、男生群体间的距离,树立起"我们男生"和"我们女生"的群体归属感,另一方面在打闹过程中又增加了异性交往的机会。该游戏还使女生和男生体验到男、女生的群体差异,并通过与对方群体对立,拉开"我们"与"他们"的差距,以此来体现"我们感"。但这仅是单纯两个群体间的差别,未形成带有个体感受的意义和行为。因此,仅从游戏的角度来看,除了群体分类明显外,尚未从个体角度对女生或男生的自我发展产生影响。但值得重视的是,这个年龄阶段的青少年对动作符号的运用多采取"嘲笑""打""戏弄"等带有冲突性质的形式,这是我们需要注意的点,且这些暂时的不良行为为道德干预提供了可能性。寻找区分群体间的差别和感受"我们",除了通过"闹别扭""打闹"或"争执"的方式以外,也可以采用友好竞争、协同合作等方式进行。

(二)树立优势地位的"俘虏游戏"

班上有几个小可爱,随便怎么捏他的脸都不会生气,没有争斗性,是女生的"宠物"。班上很多女生都"俘虏"了可爱的男生,我"俘虏"了两个。我们原来一个幼儿园的,"俘虏"的男生是我的小狗狗或我的龙,我喜欢摸他们的头发。他们都很乖,很听我的话。

我"俘虏"了一个男生,一个女生会"俘虏"好几个男生,一个男生被好几个女生"俘虏"。

她们"俘虏"的男生都是全班最好的男生。只有受欢迎的女生才能"俘虏"到可爱的男生。

——来自上海某小学四年级女生的描述

"俘虏游戏"大约从小学四年级开始。它既是异性交往的内容,也反映了班级女生群体格局的变化。"俘虏游戏"跟"打闹游戏"相比,出现了如下变化:"可爱的男生"和"我"代替了"他们"和"我们"。"我"和"我们"的区分说明女生的个体感出现。"她们'俘虏'的男生都是全班最好的男生。只有受欢迎的女生才能俘虏到可爱的男生。"这反映出女生中同性群体出现分化,群体内的差异性出现。女生通过"俘虏"班上公认最好的男生,树立起自己在班级中,尤其是同性群体中的优势地位,提升自我价值感。处于该阶段的女生通过"俘虏游戏"定位自己所处的亚群体,从而定位自己。对此德育引导需要注意的问题是,在班级中树立优势地位的方式需要多元化,让尽可能多的青少年在不同领域、不同方面找到自己的优势,从而树立自信心,而不仅仅是通过学习成绩的简单划分,将成绩的差异带入交往方式中去。这只会让学习成绩好的少部分同学感受到所谓的群体优势,而不利于所有同学的平等相处与差异化发展。

（三）同伴状态清晰化的"连环反击游戏"

> 我也和男生打架,男生不仅还手打我们,还打我们的好朋友。我们也这样,如果有男生打我,我也打他的好朋友。就这样不停地一个传一个,到最后全班同学都参与进来了。不过现在被老师禁止了。因为老师说现在要升学了,很紧张的,就不让我们打了。
>
> ——来自上海某小学五年级女生的描述

"连环反击游戏"在上海部分小学高年级的个别年级出现,其特点是几乎全班同学参与。这反映出以下几方面的内容:首先,男、女生之间有交往需要。虽然其表现形式为"打架",但其目的并非形成对立,而是建立男、女生之间的交往联系。在游戏中,学生实现了异性交往互动,并将同性群体内和异性群体间的交往联系起来。这其中包括了接近、冲突、和解等过程,较小学低年级的"打闹"带有更多的游戏色彩。其次,男、女生之间的交往圈子已形成。"不仅还手打我们,还打我们的好朋友"反映出其他同学能够区分出班级中的朋友圈子。朋友圈子的形成和可识别性保证了"连环反击游戏"的顺利进行。最后,班主任在男、女生交往中的作用。"因为老师说现在要升学了,很紧张的,就不让我们打了。"这反映出班主任没有抓住这一游戏传递出来的信号:男、女生有交往的需要,且在自发创造交往形式。教师需要创造更好的形式,促进男、女生的正常交往。女生在"连环反击游戏"中,实现了从"我们"到"我"再到"小团体"的发展过程。同伴群体间根据不同标准出现了分层,班级中亚群体开始出现,并日益清晰化。

(四) 普及面广、持续时间长、影响力大的"传绯闻游戏"

"传绯闻游戏"出现在小学中、高年级并贯穿整个中学阶段,大学生回溯性访谈对此进行了印证。这说明该游戏普及面广、持续时间长、影响力大。"传绯闻游戏"经历了兴起、发展和减弱的过程,这其中贯穿着交往重点的偏向。青少年在该游戏中获得了丰富的内心体验和心理感受。

1. "传绯闻游戏"初显:性交往敏感、想象异性交往出现

"……不过现在心里有了小秘密,就是有了喜欢的人,不知道该跟谁说。不像原来,所有什么事情都跟父母说,现在不会了。老师是肯定不会说的,有时候跟朋友说,有时候觉得不太好说。经常会想象,他喜欢什么样的女生,就会故意往上面靠。如果他经过我旁边,我也会突然变个样子。""班上开始'传绯闻'了。如果自己不是当事人还好,反正好玩嘛。如果是当事人就不爽了,很尴尬的。""还是不要主动跟别人说话,内向点比较好;没有什么其他事情不要跟别人交流,这样显得好像没什么……探讨学习方面的可以跟别人交流。乱七八糟的就不要了。"

"传绯闻游戏"是个体意义建构的创造性表现。该游戏是青

少年青春期发展过程中的产物。它集中体现了个体意义在交往、尤其是异性交往中的表现。游戏兴起之初,它是青少年在正常异性交往缺乏时或对现有异性交往存在进一步需求的情况下出现的,根据现实状况自主加工,具有符号意义。但并非所有的"传绯闻游戏"都源于异性交往的缺乏或需求,不排除个体对真实交往情景的回忆、对观察情景(可能来自影视、书籍、音乐等符号形式)的再现。这些都可以作为个体意义建构而被用于"传绯闻游戏"。从回忆、再现的过程中,青少年可以获得不同层次和不同内容的符号意义。青少年也可能对没有出现却希望出现的情景予以预想。带有前瞻性的预想符号,可能对将来状态下的真实交往进行自我调节。它以想象情景出现,具有脱离此时此地产生作用的特点。它的内容丰富、形式多样,充分表现了个体意义建构的创造性。"(女生)还是不要主动跟别人说话,内向点比较好"等,反映出该游戏对女生女性化角色内化起到了一定的引导作用。

2."传绯闻游戏"发展:异性交往敏感与受阻并存

"'传绯闻'在初三很普遍,当时压力大,传起来轻松些。""班上'传绯闻',如果全班被传光了,然后就继续传。有时候连其他班级都知道了。女生直接写情书到别的班级去,当事人还不是很感兴趣,其他人好像很忙的样子,为当事人着急,其他人也到我们班来。男生比女生更八卦,他们会编一首歌,做一份报纸,写诗什么的,有些积极分子'传绯闻',还增加无穷无尽的想象力;拍人跟踪,拍到在图书馆的角落,这是没那个意思,被别人扭曲的。结果见面挺尴尬的,朋友也没得做了。"

"传绯闻游戏"说明个体需要新的符号资源引导发展。"传绯闻游戏"在初高中的过渡阶段具有多重功能,如缓解学业压力,激发异性交往。但同时,该游戏又在一定程度上阻碍了健康的异性交往。这跟"传绯闻游戏"中符号资源运用的单一性有关。无论想象情景如何丰富多样,它毕竟是对真实情景的再现、补充和扩展。如果现实中异性交往足够普及、交往形式足够丰富,"绯闻"这一想象情景也就不会具有如此强大且持久的影响力。从发展的角度考虑,则需要引导健康而充分的异性交往形式,发挥交往符号资源的积极作用。同时,还需要提供新的符号资源,扩展青春期青少年符号资源的选择面,促使其有效利用多方面的符号资源,推动新的个体意义的涌现。

3. "传绯闻游戏"减弱:同性交往互动增强

> 高一的时候大家也不太熟,通过这种玩笑大家熟悉了,有些关系好的圈子就是这样开玩笑开出来的。她们互相传来传去,关系就蛮好的。她们几个还是蛮像的。
>
> ——来自上海某高中二年级女生的描述

"传绯闻游戏"具有同伴群体分类的功能。在升学等新状况出现后,该游戏能直接而快速地将新同学联系起来,从而达到相互熟悉的目的。在游戏过程中,相同或相似符号资源的运用,个体意义的建构方式,有利于区分出不同类型的个体,形成不同的同伴群体。因此,"传绯闻游戏"不仅从异性交往的角度为青少年提供了性别角色感受和情感体验的机会,从同性交往的角度,该游戏也成为符号资源互动和亚群体的形成方式之一,对某些类型青少年的自我发展具有一定的区分作用。

(五)异性交往类自创文化符号对德育引导启示

由于不同阶段自发性异性交往游戏的形式和内容不同,对青少年发展的作用各异,因此在学校教育中需要分阶段、有重点地进行交往引导,促进青少年的健康发展。

1. 防止男、女生群体紧张的对立

小学低年级青少年的异性交往过程,以性别原型和规则为标准对男生群体和女生群体进行区分,进而引发了男、女生群体间的对立。因此,在教育中,一方面需要认识到性别原型和规则存在的现实性。另一方面,需要防止青少年异性交往行为与性别原型和规则之间差距过大。发展取向是个体成长的动力,交往过程和发展取向差距过大,可能会减弱发展取向的动力作用。

2. 树立"优秀学生"的多元标准

小学中、高年级青少年中出现了对"我"的强调和群体分层现象。青少年的发展取向为成为优秀男生或女生。但通过调查发现,青少年对优秀男生或女生的认识停留在"学习好、多才多艺、帮助同学"等类似意义上,尤其认为这样的女生在异性交往中才能"俘虏"到班上的优秀男生,并"不被男生欺负"。针对这一现状,学校教育中需要创设活动,从不同角度、不同层次树立具有针对性的优秀男生或女生榜样,让青少年认识到优秀男生或女生的多重含义和多元标准,帮助青少年建立与"自我概念"相符合的发展取向。

3. 等待合适的教育契机

中学阶段的青少年进入自我选择阶段。青少年开始在性别原型和自身状态、同伴状态间做出选择。对此,父母和教师需要耐心等待,仔细观察。因为发展过程中暂时的停滞、矛盾甚至后退,可能是青少年心理内部正在进行重组,是跨越到新水平前的酝酿阶段。这时需要给予他们充分的尊重和自由选择的空间,以帮助实现青少年性别角色的自主性发展。从发展的角度来看,同伴交往会为个体性别发展提供丰富的符号资源。因此,学校需要组织形式多样的班级活动,增加同伴交往的机会,以帮助青少年顺利度过发展取向的选择阶段。

4. 引导良好异性交往

中学阶段的青少年在交往过程中对异性交往敏感。异性交往敏感是青春期较为普遍的话题。"传绯闻"在这一阶段出现,且影响面广。拥有正常异性交往的女生从中可以发展出在性别原型基础上,双性化发展并存的性别取向。正常异性交往受阻的青少年,表现得沉默,自我反省较多。针对这一现状,正常异性交往的引导显得尤为必要。

首先,父母、老师自身需要对正常异性交往去敏感化。从以往的研究中可知,父母、老师对异性交往的敏感态度和阻止行为可能会对青少年形成交往压力,不利于青少年的积极健康发展。因此,在可控制的前提下,父母和老师需要支持和鼓励正常的异性交往。其次,针对男、女生在异性交往中缺乏必要的交往技巧和能力的状况,可以采用观点采择的形式,对男、女生进行训练,使其能理解对方的观点和交往行为背后的心理意义,并进行综合性的思考,这有利于异性交往的顺利展开。再次,可以在交往出现之前或出现之初,设计情境游戏,利用想象引导将情境交往转为女生发展的下一步现实性。最后,可以增进班级、年级间同学的相互了解与交往,将焦点交往引向群体交往,促进正常异性交往的顺利进行。

学校应开展形式多样的群体活动。中学高年级阶段,青少年与同性群体的互动强于异性群体。建议学校教育以发展性评价为推动,引导群体间开展积极比较与良性竞争,从而在凸显群体间差异的同时,也努力促进个体的独立性。群体活动的引导对青少年的发展具有积极意义。以活动主题为分类标准,通过不同活动可以分化出不同的群体圈子。学校应保证班级内多样丰富的活动主题,促进同伴群体间的人际融合和交流,认识和理解个体差异,化差异为发展动力,促进个体自我发展的积极自我探索。

第三节 学校有效引导自创符号帮助青少年发展的实例

第一节和第二节的案例多为青少年自发的自创符号,以及在此过程中展现出来的个体意义和群体意义。从个体意义来看,不同年龄阶段的青少年会不约而同地创造出类似的符号形式,从群体意义来看,未能满足的某种需求会在不同年龄阶段以不同的方式持续反复出现。在观察并分析到这一现象之后,除了需要家长的有效参与以外,学校也责无旁贷。因为学校是汇聚青少年的制度性场所,青少年不仅在学校中学习知识,还在学校里通过各种人际关系的互动实现自我发展,实现心理潜能的发展。进入幼儿园之后,青少年待在学校的时间可以说是远远大于家庭的,学校对他们来说是非常重要的发展场所。因此,本节主要从学校的角度来谈一谈如何引导自创符号来帮助青少年发展。

一、农村小学生自创游戏促进合作

该例子是学校层面鼓励学生自创游戏的探索。作为体育节新增项目,小学生的自创游戏主要是为了丰富农村小学校园生活,充分挖掘体育资源,培养学生的创新、合作能力。从创作动力来看,是在学校积极引导的前提下,由学生自主参与,其结果是学生参与积极,所自创的游戏主题突出,目的明确,操作性强,趣味性浓。以下摘录出这两则游戏供大家参考。

(一)游戏一: 并肩作战

1. **游戏准备**:在平地画上相距 20 米的平行线,一条为起点线,一条为终点线。准备篮球若干。

2. **游戏方法**:将学生分为人数相等的两队,每队男女队员人数相等,并各选一名队员为护球员。各队站成两横排,前后队员对齐,左右相邻的队友肩搭肩。裁判员发令后,本队护球员将篮球放于前后两排搭起的手臂上,然后集体向终点移动,先到达终点为胜队。

3. **游戏规则**:(1)在前进时若篮球掉下,应立刻停止前进,待护球员将球放回原处才可继续前进。(2)前后两排同学的手臂不得将球夹住,否则为违规。(3)队伍整体过线才算完成比赛。

4. **学练建议**:(1)本游戏适合二、三年级的学生进行学练。(2)先可以组织四人一球的训练,待动作熟练后增至六人两球、八人三球……逐渐增加参赛人数。(3)护球员可作为本队的"指挥官",应推选组织能力强的队员担任。

5. **游戏变化**:将队员"肩搭肩"变化为左右相邻的同学分别握住接力棒的两端,两根接力棒之间放上一至两个实心球,以达到增加比赛难度的目的。①

（二）游戏二：猛龙过江

1. 游戏准备：在平地画上相距30米的平行线，一条为起点线，一条为终点线。准备长竹竿若干根。

2. 游戏方法：将学生分为人数相等的若干队，各组成纵队站在起点线后。比赛前参赛队员两脚左右分开，弯腰用双手将纵向置于两脚间的竹竿紧握，竹竿的高度低于膝盖。裁判员发令后，全队统一节拍，齐心协力，迅速向终点前进，先到达终点为胜队。

3. 游戏规则：(1)以队尾先跑过终点线的队为胜队。(2)途中若竹竿超过膝盖，则罚时3秒钟。

4. 学练建议：(1)本游戏适合二、三年级的学生进行学练。(2)可以在竹竿上悬挂实心球，增加学生上肢负重。(3)增加竹竿的长度可以允许更多的学生参与。②

重庆市万州区长滩小学的张林、房镇两位老师具有较强的敏感性，将小学生的自创游戏记录下来，并在学校体育节中开展相应的活动。但略微觉得遗憾的是，对于学生是如何想到这两则游戏的，触发他们灵感的过程，以及在自创游戏过程中遇到了哪些问题以及如何解决问题的内容，缺乏过程性的描述。从最终呈现的游戏形式可以看出，这两则自创游戏均为集体参与，是青少年

---

① 张林、房镇：《农村小学生自创合作游戏二则》，《体育教学》2010年第8期。
② 张林、房镇：《农村小学生自创合作游戏二则》，《体育教学》2010年第8期。

创造性和集体合作感的体现。尤其是游戏二,还带有明显的地方文化的特色。划龙舟作为重庆本地群体性很强的体育竞技项目,身处三峡库区的农村孩子对以划龙舟改编的游戏格外热衷。一方面是对现实生活的模仿与反馈,另一方面则是地方文化在青少年身上的生动表现,这是所有当地青少年的共同文化资源与心理共识,具有汇聚与凝聚本土青少年的积极作用。

此外,在已有自创游戏进入体育节的基础上,还可以扩大自创游戏的适用范围。游戏不仅是体育运动的组成部分,也是知识教育、文化教育和道德教育的良好抓手和有利切入点。学校可以帮助学生在已有自创游戏的基础上,增加游戏结束后的反思环节,引导学生积极主动地思考过程中的互动模式与合作意义。不管是农村学校还是城市学校,都需要借助当地已有的文化传统与文化氛围,这既是个体的文化之根,也是群体的共同感情之源。所有的故土感情、乡土感情和家园感情以及同辈之谊与师长之谊,都是构成家国情怀与同胞命运共同体的根本之根本。因此,相关的自创游戏还有极大的挖掘空间与道德引导空间。

二、通过中学生的自创格言进行道德教育

该例子是针对中学生的文字符号创作实例。福建省龙岩六中邱艳红老师让学生在学习《中小学生守则》和《公民道德建设实施纲要》的内容后,组织同学们写一句最有意义的话,与大家共

勉。同学们经过认真思考、推敲,写出不少好的"格言"。如郑诗娴的"道德常常能填补智慧的缺陷,而智慧却永远填补不了道德";林芳吉的"读书是生命的源泉,爱书就等于爱生命";赖玲同学的"能够拒绝诱惑的人,才是能真正自律的人";曾海才的"充实的人一生都是快快乐乐的,而虚度年华的人一生必定是与苦恼做伴",等等。围绕这些自创格言,同学们都说:"我们好像长大了!"①

自创"格言"是对已有文字符号的高度凝练。这一方面是语言能力的掌握与运用,另一方面是文字意义的个体确认与群体分享,从形式本身来讲具有一定的价值。还可以进一步深入挖掘的地方是,每个学生的自创格言的灵感源自哪里?是否有具体事件的激发?为什么会创作出这样的格言,它对它的创造者的意义何在?这些学生可以把自己的故事拿出来和老师同学一起交流分享。这样可以避免自创格言本身仅仅是为了应付老师的任务,或是仅仅是流于形式,而没有自己切身的感受与情感卷入。同时,每个学生的自创格言还可以与其他学生自创格言比较,分析哪些内容是大家共同看重的,哪些内容对个别同学是具有独特意义的。而最后学生认为通过自创格言,"我们好像长大了",可以让大家具体谈谈这种感受是如何形成的,长大了的标志是什么,对于长大了的感受有哪些。如果能挖掘青少年自创格言的过程,并

---

① 邱艳红:《自创格言效果好》,《思想政治课教学》2005年第2期。

能在格言分析和分享的时候深入到这个程度,可能对青少年的影响和触动会更明显。

三、通过"自创符号"深化儿童自主游戏建构,推进教育教学改革

四川省绵阳市花园实验幼儿园以游戏活动为切入点,在儿童的活动中引进自主游戏,并将儿童喜闻乐见的"自创符号"作为深化自主游戏的抓手,并通过儿童自主游戏建构推动教育教学改革。

(一)游戏一案例:阿U的故事

为了方便使各年龄段儿童对游戏规则、公约的知行合一,孩子们通过点赞投选出阿U作为户外各游戏区的代言人和隐形管理者,为游戏区"立法"。于是,阿U就成了幼儿园的一员。孩子们设计出阿U的各种造型,用阿U绘制出安全提示、环境管理流程图,举办阿U的形象推广会等,让阿U贯穿于各个游戏区。不论是哪个年龄段的孩子,只要看见阿U的图符,就知道这儿有提醒、告知、禁止。[①]

在"自创符号"的帮助下,幼儿园儿童的主体性充分彰显,他

---

① 何云竹:《游戏中的幼儿自创符号研究》,《教育科学论坛》2018年第7期。

们自己打理自己的游戏,让自主管理游戏环境与材料成为一种活动样态。

(二) 游戏二案例: 邀请卡—约会—邮局的演变

中四班的孩子自从开展了阅读活动"山丘上的约会"后,就效仿故事里的两个笔友开始写邀请卡。由于不会写字,邀请卡的内容主要是由图画、图形等符号表现的。就这样,邀请卡"各说各话",活动"卡"住了。约会游戏玩不下去了!怎么办?老师和孩子们讨论、商量用约定符号来解决问题,他们约定了全班小朋友的姓名符号,还研究出老师、约会时间、地点等班级公共符号。这下大家都能读懂邀请卡上的内容了。大家忙着写邀请卡和赴约,催生了新的活动——约会,约会的活动借助符号一直持续至幼儿园毕业。在他们升入大四班时,得益于收到一封信的契机,孩子们把邀请卡交流变为用符号写信交流。当书信越来越多时,就顺势成立了"e幸福邮局",生发出系列"邮局"游戏和许多符号学习、创设及运用的活动。孩子们写信寄信、设计信封邮票、投递分发信件,活动游戏越玩越大,从一个以班级为主的游戏演变为全园性活动。①

上述多种形式的"自创符号"运用,有效推动了游戏中儿童的交往、交流,丰富了游戏的活动形式和内涵,让经验的传递更形

---

① 何云竹:《游戏中的幼儿自创符号研究》,《教育科学论坛》2018年第7期。

象,促进了儿童与日常生活的真实互动,儿童的自主游戏越来越有味道,层次越来越深,生成"停不下来的订单""掉进钱眼儿了吗""我的微店我做主"等多个游戏案例。借助"自创符号"手段,儿童能创造性地设计、安排与主宰自己的生活,主体性不断攀升,逐步发展出掌控感和自信心。

四川省绵阳市花园实验幼儿园不仅善于利用儿童的自创符号进行自主游戏引导,还对儿童自创符号的进行了分析,归纳出其基本规律。何云竹老师发现儿童自创符号的步骤,即"初创—解读—接受—修订"四个步骤。儿童创设符号的方法,主要有形声、象形、会意等。其中,形声法(根据事物的读音来创设符号)占50%以上(参照第一节诗诗的例子)。儿童的"自创符号"具有"公共化"的需要与可能。幼儿园大批量的班级、园级公用符号就是公共化的"产物"。生活经验、抽象水平以及交流范围等因素影响儿童的符号创设。儿童"自创符号"具有规约性、互动性、阶段性、随意性、连续性与渐进性等基本特征。

在儿童自创符号的基础上,演变出丰富多彩的儿童自主游戏。许多游戏在儿童的讨论中自然生成,根本不用老师大费周章去设计,而且更符合儿童自己的发展阶段和特点。当孩子们沉浸于各种游戏活动的开发与设计中时,他们成了游戏活动的主宰,自发、自主的游戏层出不穷,为幼儿园的游戏注入了新的内涵与活力。

"自创符号"的加入,使得班级与班级、游戏区与游戏区、室内与户外的活动连为一体,园内各个游戏场所被连通,增进了彼此间的交流与联系,孩子们打破班级、年龄、空间界限快乐地游戏,形成"环境·材料·活动"一体化的园本游戏课程体系,游戏空间被无限拓展,游戏材料被充分调动,让园内的各类游戏活动有机整合、相互生成、持续深化,儿童可以在任何场所实现高质量的学习,儿童的游戏充满了生命的活力。

"自创符号"贯穿于儿童学习的全过程,承载着儿童的学习与发展。剖析儿童"自创符号"的过程,"自创"蕴含着个性张扬与主体性发展,用抽象符号表达事物的特征伴随的是儿童抽象思维得到锻炼,用不同的、独具特色的符号表达对象体现着儿童的艺术创造力,不断观察事物的特性有利于儿童观察探究力的提升,多种场合的"自创符号"运用彰显着儿童社会性发展与自主打理生活的可能……"自创符号"真正实现了跨界与整合,将丰富的教育资源引向儿童,促进了儿童能力的全方位锻炼与提升,儿童的潜能不断被激发,逐渐成为个性鲜明的、具有把控未来世界能力的全人。"自创符号"的加盟,为儿童营造了多元整合的游戏空间,让每一个孩子拥有更多动起来的机会,为他们的全面发展创造了更多可能性。同时,"自创符号"改变了传统的学习方式,使得儿童可以通过体验、设计、创造等方式开展学习活动,在创造符号的经历中实现更深层次的学习。

四川省绵阳市花园实验幼儿园关注与运用儿童"自创符号"的成功案例给了我们如下启示:首先,打破知识学习和游戏之间的界限，不要认为知识学习和游戏是截然两分的状态，事实上，青少年的自我成长与自我发展是知识学习、具身学习和自我反思等综合的过程。我们需要拓展青少年的学习和游戏的空间。其次，尊重青少年在不同阶段的心理特点和学习特点，开放高度生活化的学习场景和游戏活动，让青少年在真实生活中学习、探索、活动与分享，而不是创设与真实生活截然两分的学习环境或游戏方式，这不利于青少年的现实整合与深度学习。最后，通过主动关注和观察青少年的"自创符号"，了解和把握其科学探究和创新创造等高级心理特征。各种形式丰富多彩的从校园活动和日常生活中不同方面出发的探索与见识是青少年发展的强力支撑。活动中的青少年、与他人深度互动的青少年，才会具有积极的创造力和建立与他人的深刻联系以及情绪反观与同理心塑造的能力。在此过程中，把活动和游戏的时间、空间和实施方式还给青少年，让他们根据自己的兴趣和需求，按照自己的意愿自由选择与开展各种活动，玩什么、怎么玩都由他们自己决定，唤起青少年的主体能动性表现与生命活力，进一步挖掘"自创符号"内涵，在追随、支持青少年"自创符号"的过程中，让青少年充分动起来，呈现出主动、生动、流动的生命状态。

　　自创文化符号游戏的实例告诉我们，短时反复、更新抛弃、同一类游戏具有不同的变体是青少年自创文化符号的特点。即使如此，在不同的年龄段、时间点与发展阶段，青少年的自创文化符号将会以不同的形式、不同的方式、不同的参与度出现。这需要培养教师的敏感性,引导教师学会留心观察,关注青少年在班级中随时可能出现的某种符号活动或游戏活动。在发现的基础上继续保持观察,在合适的契机进入并引导。对于低龄儿童,要鼓励他们自发地创造游戏活动,而对于进入中小学阶段的青少年,则需要关注符号与活动背后的成长需求。这需要留意如何将"自创符号"作为提高青少年自主性和学习效率的中介物甚至催化剂,引导青少年在符号作用下更好地认识自己、认识他人以至于认识到自己和他人的关系互动。在低幼阶段还可以运用"一体化"的思路与策略来整合以上各项改革,形成一个"紧密联系、相互生成、持续深化、相互循环"的一体化游戏环境,确保游戏的层次性、多样性、趣味性,不断升级儿童自发性游戏的档次级别,让游戏越玩越大、越玩越真。

自创符号是青少年学习与发展的帮手。首先,"自创",不言而喻,指的是青少年自己去创造,体现的是儿童的主体性和创设过程中的多种可能性。因而,"自创符号"为培养青少年的个性、主观能动性以及创造性思维提供了更多的机会与可能。其次,青少年"自创符号"具有"公共化"与"流通"的可能,大家的自创符号可以共享与整合,自我空间被无限拓展。最后,青少年在自主游戏中借助"自创符号"自主开发、设计场景、设计意义,对环境的把握愈加全面,对意义更加把控自如,实现了活动的自我管理、自我教育、自我服务、自我监督,青少年逐渐成为活动的主人,成为生活的主人,成为自己的主人。

第四章

不同类型性别文化符号对青少年性价值观发展的影响

所谓性价值观,是指个体对性或性别的认知、态度、情感、评价与行为调节,以及性别角色、恋爱观、婚姻观等内容。从整体来看,现阶段我国社会的性价值观从保守逐渐发展到开放并伴有多元化的趋势,且兼具贞洁观的道德双重标准和男女性别角色刻板化特征。父权制最大的问题在于忽视女性作为人的自主性与独立性,将女性视为男性的附属品,依靠男性的肯定来获得自我肯定。

青少年思维活跃、感触敏锐,其性价值观随着个体社会化的过程逐步形成并发展,极易受到社会性别文化符号影响,成为社会性价值观的思想折射,并演变成社会的主流性价值观。当今社会的迅速发展也引起了当代青少年性价值观的强烈共振,关于性与性别的讨论已经蔓延到整个社会空间与虚拟空间,对青少年固有的性观念产生了不同程度的影响,特别是良莠不齐的性别文化信息对青少年的性价值判断造成了一定的负面影响。近年来媒体曝光的青少年群体的 HIV 感染、"裸贷"、情感冲突引发的心理问题,甚至自杀现象等事例也确实越来越多。在这样的背景下,从外在文化符号与自创文化符号的角度来分析青少年的性价值观发展就显得格外重要。

第一节 从"腐女"现象看青少年在文化符号中寻找什么

近十多年来,"腐女"现象在青少年中非常流行,"腐女"文化也借助网络在青少年受众中大肆传播。当代青少年对"腐女"文化的认同在一定程度上是其价值观的某种投射,反映了他们对性与爱、灵与肉、情感困顿的态度与认识。本节从"腐女"文化的发展与传播特点入手,着重分析"腐女"文化作为文化符号的一种,既是一种外来的文化符号,又被青少年加以创造与内化,同时关注它的内外作用对青少年性价值观的塑造方式以及造成当代青少年性价值观"腐女化"的原因。

一、"腐女"文化与"腐女"

"腐女"文化是欧洲的"唯美主义"发展成为日本的"耽美主义"后,与日本动漫和现代网络技术相结合的产物。唯美主义于19世纪晚期在英国出现,它主张艺术以美为目的,与道德无关。"唯美主义"传到日本后,被翻译成"耽美主义",成为近代日本文学和艺术的重要流派之一,包括三岛由纪夫在内的大批文学家和艺术家都曾受到过耽美主义的影响。20世纪60年代以后,"耽美"一词被日本漫画业借用,成为"BL"画派的统称。所谓"BL",即"Boys' Love"的缩写,代指男性与男性之间纯真美好的感情。"耽美"发展到今天,已经成为男同性恋漫画的代称之一。

20世纪80年代,"御宅族"(OTAKU)和"腐女"等词汇在日本开始出现。"御宅族"在当时多指窝在家里看动漫的男性,而女性则被称为"宅女"。其中,沉溺于"耽美"系列动漫的宅女则自称"腐女"。"腐女"源自日语中的"ふじょし"(腐女子)。"腐女"一词在当时的影响力并没有"宅"大,原因在于当时的"腐女"是女生自己称呼自己的专用词汇,并不具有贬低的意思。比如,在很多日本著名的"同人志"上,女性作家率先称自己为"腐女"。也就是说,与"宅"不同,"腐女"一开始只有自嘲的功能,并非外部势力的攻击用语。大部分"腐女"除了关注"BL"系列外,也会对历史人物、电视剧、偶像等真实世界中男性间的关系产生遐想。随着"腐女"文化的进一步发展,"腐女"一词不再局限为该群体的自称,社会上的一般人群也开始用"腐女"来称呼沉迷"BL"系列或幻想、欣赏男同性恋的女生。

二、"腐女"文化的发展趋势

"腐女"文化从日本传入中国后迅速发展壮大,尤其是最近几年,通过网络掀起的"腐女"文化大潮日渐对社会生活产生巨大影响。目前,我国"腐女"现象的发展趋势如下。

(一) 低龄化

据已有研究和媒体报道推断,"腐女"呈现低龄化趋势。相关"腐女"网站也对其年龄分布做过内部调查,具体结果如下:"腐女"以80、90后为主,也包括一部分00后,年龄集中在18岁~25岁。相当一部分"腐女"从中学甚至小学就开始接触"BL"类型的图片、文字和漫画。"腐女"现象在18岁以下的未成年女性中则出现两极分化。一部分为资深"腐女",她们不仅对"BL"系列特别入迷,甚至还善于自编自创。个别女中学生还是网络点击率很高的"BL"写手。而另一部分女生则还停留在欣赏低龄儿童动画作品的水平上。

(二) 现实化

在网络上,"腐女"不仅扩大在"腐女"网站、贴吧和社区的影响力,同时还利用"腐女"文化鸠占鹊巢。比如在正常网页和贴吧中插入大量的"腐图""腐文",逼迫相关网站的管理员和普通用户不得不离开自己所属的网站,或是高调推广"腐图""腐文""腐观念",将部分一般人拉到"腐女"的阵营中。除网络外,"腐女"还将"腐女"文化扩展和蔓延到现实生活中,造成更广泛的社会影响,其具体表现如下。

首先,某些电视剧因为长相帅气的男性演员居多,而成为"腐女"们妄想的对象。同时,由于"腐女"文化的泛滥,一些电视剧为了获得较高的收视率,也有意无意地去迎合"腐女"文化。其次,"腐女"妄想的范围也延伸到正常取向的小说,通过想象重组使其"腐化"。再次,某些亚洲偶像组合成为"腐女"关注的对象。这些团体的组成成员均为年轻帅气的男性,因此很自然地成为"腐女"遐想的对象。"腐女"会将团体成员逐一配对,以满足她们的腐化心理。最后,"腐女"甚至会对中国历朝历代的王公大臣、著名历史人物的关系展开遐想。

(三)偏激化

随着"腐女"人数的增多,"腐女"内部也出现了分化。个别"腐女"极端的遐想引发了人们的反感和厌恶。而更有甚者,还有部分群体借助"腐女"文化和网络载体传播黄色淫秽内容。由此可见,某些"腐女"的不良行为也带来了不少负面影响,并呈现出偏激化的发展态势。而"腐女"文化和"BL"网站则成为当前犯罪分子宣传黄色淫秽内容的新载体。"腐女"文化在某些方面成为灰色地带,在违法犯罪边缘游走,有些甚至演化为犯罪行为,导致其行为人被判处拘役。

三、"腐女"现象对青少年性价值观的塑造

(一)一定程度上平复了青春期的性冲动

青春期是生机、希望、迷茫与困惑并存的时期。少男少女因

为第二性征的出现和性器官的成熟,产生明显不同于以往的感受,开始探究性问题,从而出现性冲动,产生性好奇。他们或许偷看有关性知识的书籍;或许感觉到孤独与寂寞,觉得成人难以理解自己;或许内心世界日益丰富,却不知道如何表达;或许开始关注长相出色、才华出众的异性,但同时又对男女交往敏感,容易出现猜测、嫉妒和遐想。一方面他们性生理趋于成熟,另一方面性心理出现不安、害羞、渴望甚至反感等多重表现。内容新奇与获取便捷的"BL"系列,在一定程度上从生理和心理上满足了青少年对性的好奇和渴望,平复了他们的性冲动,而其中涉及的唯美浪漫的感情又引发他们对爱情的无限向往。

(二) 可能增加青少年性取向选择的难度

大部分"腐女"对同性之间感情认识更加多元,且不排斥同性之爱。她们认为,只要是真爱就应该支持,并以"不是我喜欢同性,只是我喜欢的人刚巧是同性"为同性之爱呼吁。因此,"腐女"文化的普及与泛滥可能会对青春期男女的性取向选择带来难度。目前医学、心理学、社会学等学科对同性恋的研究发现,先天因素和后天条件都可能影响个体的性取向。

性和爱是人们本能的需求,青少年对此也有着极强的好奇心。"BL"系列中对同性之爱的唯美描写和文字渲染,会让她们沉迷其中。再加上青少年时期,现实生活中的同性交往更易被父母、社会接受甚至鼓励。以上因素为同性之爱提供了更多的诱发因素。此外,由于社会主流的影响,耽美文化与社会传统的对立,青少年还可能会在异性取向和同性取向之间来回摇摆,同性、异性、双性、跨性别等多元选择可能会增加女性性取向选择的难度。

而男性性取向同样存在一个探索的过程,这段时期的性取向会较为模糊,对同性或异性都存在隐隐的情愫。随着"腐女"文化影响力的扩展,男性的正常友谊和兄弟情谊还会受到影响,而变得面目模糊。例如在大学校园,一些男大学生会公开介绍"这是我的好基友"。类似这种带有性取向意味的玩笑在年轻人群体中并不罕见。这可能会导致部分男生性取向来回摇摆,增加性取向选择的难度。

(三)以另类方式促使青年对同性恋问题的关注

2011年,《中国精神障碍分类与诊断标准》第三版(精神障碍分类)已将同性恋从心理疾病中剔除。但是,由国家新闻出版署制定的《关于认定淫秽及色情出版物的暂行规定》仍将同性恋与性变态并列。该规定于1988年12月27日颁布,时至30多年后的今日,该规定中涉及同性恋的部分仍没有任何形式的修改或删除。

虽然大部分"腐女"还停留在阅读"BL"系列和欣赏或幻想男男之爱的水平,但不可否认,"腐女"问题已指向同性恋群体以及全社会对同性恋的态度。还有相当一部分"腐女"对于男同性恋甚至同性恋的认识还建立在幻想的基础上,无论是不是真正的男同性恋,都会被她们幻想或理解为同性恋。甚至部分"腐女"根本不了解同性恋的实质,她们对同性恋群体的支持仅限于"BL"系列中男性既帅又酷的外表和男男之间唯美的感情故事。总之,"腐女"们在以另类的方式提升了社会对同性恋问题关注的同时,也带来了对真实现象的混淆。

(四)进一步从观念上促成了性行为与生育的分离

人类社会充满竞争,且所有竞争的最终指向都是争夺更好的资源生儿育女、繁衍后代。而随着生产力发展、科学进步、消费文化和娱乐文化的普及,人们也在追求感官享受和心理快乐。性既是人们繁衍生息的途径,也是人们追求快乐的方式。这两种社会导向同时影响着个体观念的形成与行为的选择。

随着现代安全套和避孕药的发明以及绝育手术的推广,性行为与生育的分离在人类社会普遍存在。而试管婴儿、克隆技术更让性和生育的关系出现彻底决裂的可能。除此之外,性行为的多样性也促进了性行为和生育分离。除了传统的阴道性交和生育有关外,包括同性性行为在内的其他方式均与生育无关。"腐女"文化的特点是公开且高调地欣赏和支持同性之爱。虽然大部分"腐女"以后还是有可能走进婚姻、生儿育女,但是她们传递出来的对同性之爱的态度及其影响力,表明了她们对激烈生殖竞争的反抗和对现世快乐的追求与向往。这从观念上进一步促成了性行为与生育的分离,甚至会对未来家庭的组成模式产生影响。

四、青少年价值观"腐女化"的原因

（一）社会压抑与女性性权利的变相满足

有研究者认为，"腐女"现象的出现是对当前社会的反抗。而从目前的发展来看，"腐女"现象中似乎尚未出现自觉地抗争，更多地表现为女性性权利的变相满足。其原因主要有以下几点。

1. 中国社会的性观念和行为表现割裂

从"腐女"的诞生地来看，日本的性文化虽然非常开放，但女性始终扮演着取悦男性的角色，是男性的附属。因此这种性开放是片面的、单维度的，是男权主义的极端表现。"腐女"文化在中国的发展壮大，也受到类似文化土壤的滋养。部分社会群体将性视为敏感与禁忌，经常避而不谈或点到为止，而现实社会性泛滥、性狂欢的现象又时有发生。

2. 女性性需求与社会压抑的冲突

从生理发育来看，女性的性发育较男性早，对性有着本能的需求，同时对性的体验更持久。但是，一般人们认为男性的性需求是正常的、可以被接受的，因此男性有相当多的资源和条件去满足他们的性需求。而女性的性需求则常常被忽略或是压抑，女性的正常性需求面临着强大的社会压力，甚至人们会认为女性的性追求甚至性需求是可耻的。

当"腐女"自身不能以女性身份来满足性需求时，就尝试替代性的方式,以虚构男男之爱来削弱男子气概、消遣男性、削减男权,用幻想树立自己的主导地位。虽然新一代女性的独立性和权利意识高涨,但依然受制于社会环境,无力感、无奈感与娱乐性、消费性并存,这也使得"腐女"文化在当代青年中流行。

(二) 家庭学校性教育缺失与大众媒体性信息泛滥

1. 家庭性教育的缺失

父母是孩子最早的教师,但父母却很少甚至不知道如何向子女教授和传递基本的性知识和性观念。2012年底,中央电视台的大型采访"我从哪里来?"发现,对于该问题,众多受访对象给出如"从床底下翻出来""胳肢窝下掉出来的""洪水冲来的"等千奇百怪的回答。这反映出即使在21世纪的今天,家庭性教育仍然极为缺乏。尤其是女生家长,一方面担心女孩子在性问题上"吃亏",另一方面又缺乏合理的教育模式,往往容易将性视为禁区。青春期少女对性的好奇,在父母眼中都会被视为不纯洁的表现,予以严厉打压。

2. 学校性教育流于表面

一直到2008年年底,教育部才颁布相关纲要,明确规定中小学每学期的健康教育课时数。即使如此,各地区的学校性教育的开展和发展仍然良莠不齐。教师的知识储备不足,教育方法缺乏,教育内容单一。大部分学校都将性教育视为生理卫生教育,仅仅从生理构造的角度进行讲解,很少有学校会涉及性心理、性价值观、性态度、性文化、社会和权利等内容。

3. 大众媒体性信息泛滥

家长和学校对性教育采取鸵鸟政策,任孩子自学成才。而在家庭与学校之外,青少年会主动或被动地接收到大量的性信息。这些性信息的出现一方面会让他们反抗拒斥,另一方面又能让他们被束缚的观念和情感得以释放。尤其在欣赏"BL"系列或幻想男同性之爱的时候,青年人以旁观者的视角切入,自我卷入度较低,在为自己营造出足够的安全感的同时缓解性压力。

(三)交往孤独与禁忌的快感的综合

有研究者将"腐女"现象的泛滥视为父亲角色缺席的结果,但交往孤独和禁忌快感同样也是"腐女"文化出现的重要推手。由于家庭、学校和社会的原因,青年人在青春期缺乏丰富的异性交往和群体活动。这可能导致他们多从男女两性和性别刻板印象的角度将男性与女性群体截然区分,缺乏超越性别的品质性交往。同时,网络的普及进一步加剧了现实交往的不足,导致在异性交往中可能出现缺乏交往技巧和交往能力的情况。

而与交往孤独相伴的是青春的叛逆与禁忌的快感。叛逆和禁忌从来都独具诱惑力,任何时代都有与时代紧密结合的青春叛逆行为。从喇叭裤、蛤蟆镜到敞胸衬衫和飘飘长发再到摇滚、重金属宣泄,甚至发展到现在的"耽美"小说与"腐女"文化,青春总是与时代最先锋、最刺激的内容相结合,并以极端的形式表达,再以怀旧的方式回忆。"腐女"文化是当代青年交往孤独与禁忌快感的结合,他们通过叛逆来彰显自我,通过对禁忌的挑战来实现自我。

(四)缺乏合适的青春文化符号造就的幻想式满足

早期对"腐女"的研究认为,该群体的出现是"想象与现实的混淆",不可否认,压抑、青春、禁忌的叠加,会让青年产生对同性之爱的幻想,但幻想并不一定消极,幻想同样具有力量。

幻想可以让生活愉快。大量的文学艺术创作都源自幻想,包括"BL"系列也是如此。在幻想的世界中,人们可以体会到现实生活难以提供的快乐。"腐女"通过对男同性恋的幻想,与现实的状况保持距离,情绪得到缓和。"BL"系列既满足了她们对性和爱的追求,又在一定程度上回避了社会压力,同时还有利于缓解人际压力,带来交往乐趣。

幻想还具有美化作用。现实中功利、浮躁、困顿的男女关系,在"腐女"的幻想中是不存在的,代替它们的是纯洁美好的真爱。"腐女"们用幻想将同性之爱唯美化,即使这种方式带有浓厚的自我陶醉的色彩。

无论幻想多么愉快、美好、纯真,它总是对现实的还原、弥补和拓展。"腐女"文化虽然是特定时代的青春幻想与青春禁忌,但是它恰恰反映出社会没能给当代青年提供合适的青春文化符号,因此他们自身只有将原始的性符号资源予以扩充和延伸,而缺乏更高层次的升华。"腐女"文化拥有一定的受众和影响力是社会、群体和个体的协同作用的结果。要做到现实和幻想的良性对接,一方面,社会要提供更广泛的文化符号供青年选择,另一方面,当代青年也要积极探索青春符号的选择面以促进新意义的涌现,让生活更有意义和价值。

第二节　女性网络红人与青少年性价值观的发展

从 2003 年开始,以木子美、流氓燕、芙蓉姐姐、凤姐、小月月、郭美美、雪梨、方媛、papi 酱等为代表的女性轮番占据网络头条,成为十几年来女性网络红人的代表。她们因为某一事件或某种特质被网络放大,随即成为众多网民关注的焦点。女性网络红人的出现一方面反映出新媒体时代女性对话语权的掌控与运用,另一方面也借网络强化了对女性的物化、贬低与歧视的传统性价值观。

这一背景下涌现的女性网络红人,虽然借助网络快速走红,迅速提升了知名度,积累了大量财富,但是作为性别文化符号的传播者,她们不仅没有改变女性"第二性"的地位,反而使之深陷其中,不能自拔。而最终受损的是包括女性网络红人在内的整个女性群体,以及部分男性群体的正当权益与合法权利。因此,有必要认真反思现有性价值观体系中女性网红这一文化符号与性价值观传播之间的关系,而附着于网红这一文化符号之上的性价值观又将与青少年性价值观的发展之间形成怎样的共振。

一、女性网络红人的类型演变

随着网络技术的普及与新媒体的发展,女性网络红人出现了"性开放型""自我丑化型""外貌女神型"以及"内涵才华型"四种类型。她们看似价值认同多元,生活方式各异,但无论哪种类型的女性网络红人,从本质上均未能摆脱传统性价值观的约束与掌控。

(一)"性开放型":身体的工具符号导向

"性开放型"是指将女性的身体异化为工具后获得网民关注,具体可细化为两类:其一以木子美为代表,她认为在性面前男女平等,于是公开性爱日记,甚至以真实姓名描述一夜情细节。另一类则以若小安为代表,承认自己是"失足妇女",按市场的需要做一个"有想法的小姐"。这两类女性网络红人都是以在网络上公开身体、公开性行为为特质走红的,而她们本人也具象化为身体,最终异化为性的载体。对性欲的追求和满足在很长一段时间内是男性的特权,女性仅仅作为性工具和生育工具存在。前者试图打破父权制这一传统性价值体系,因此采用玩弄男性的极端形式来追求平等,后者公开性工作者的身份,运用传统性道德观念将大众捧上道德高地,使得普通网友的猎奇心理和偷窥欲望正当化、合理化。

(二)"自我丑化型":普通女性的抗争

"自我丑化型"是指外形条件不符合传统审美标准,尤其是男性审美标准的女性,以盲目的身体自信和口无遮拦的豪言壮语获得大量网民关注,主要以芙蓉姐姐和凤姐为代表。网络时代的到来为普通人提供了最廉价、最便捷的渠道来表达自己、获取信息。尤其是对于普通女性而言,由于自身占有资源的有限性,使得她们在受教育程度、职场与婚恋市场上皆不具有竞争优势,因此受到男性的忽视与精英女性的轻视。在这一背景下,她们借"自我丑化"博出位,通过表现另一种"女性美"对抗男性主导的"女性美",这种以"另类"对抗"主流",以"丑化"对抗"美丽"的行为,其结果必然是沦为"被看方",接受大众的审视与评价。且她们的对抗在某种程度上更像是一种迎合,迎合了"男性凝视"以及男性对女性身体、外貌和行为的规制。因此,这类女性网络红人的出现,引发大众一步步陷入性别刻板印象的泥潭,成为活生生的反面教材。若干年过去了,芙蓉姐姐、凤姐虽然风光不比当年,却仍然是网络上的红人,她们、网民、社会都变化巨大,唯一不变的是性别刻板印象,仍然像紧箍咒一样挟制着所有女性,挟制着所有人。

(三)"外貌女神型":虚幻的人生赢家

"外貌女神型"是指外形符合男性审美标准,以外貌、身材、购物、旅游、情感为生活重心的网络时尚女性,她们依托粉丝经济积累财富或嫁入豪门,主要以雪梨、方媛等为代表。这类女性网络红人首先以眼大、鼻挺、脸小、胸大、腰细、腿长为外形标准,建构了一套符合男性审美标准的"网红美"。其次,她们借助网络将外貌、身材、情感等内容包装成可以出售的商品,以通告费、广告分成、恋爱收入等获取财富,制造出人生赢家的幻境。她们贩卖给男性以欲望,贩卖给女性以幻想,通过赤裸裸地附和谋取发展空间。而为她们买单的女性在购买物质商品的同时,也潜移默化地接受着她们的生活方式,把成为值得男性消费的对象视为自身最重要的价值,并由此获得满足感和优越感。在"外貌女神型"网络红人的误导下,女性消费商品,男性消费女性,女性的价值完全依附于男性,且在资本的操纵下愈演愈烈。

(四)"内涵才华型":杀出性别重围的尝试

"内涵才华型"是最近几年出现的新类型,她们可以是因专门吐槽社会热点走红的,也可以是因准确把握当下的社会心理而受关注的,papi酱是该类女性网络红人的代表。她灵活利用变声软件、夸张的面部表情和肢体语言,抓住短视频 UGC(User Generated Content),即用户生产内容井喷的契机,依靠自己的影视专业知识,明确选题,实现了短视频与青年人的共鸣,并且还通过各大社交平台,如微信、微博、优酷、爱奇艺、腾讯视频等多种平台同步投放宣传,逐渐形成了自己的品牌效应。在短短几个月内,papi酱圈粉600多万,并成功获得真格基金、罗辑思维、光源资本和星图资本的联合 1 200 万元人民币的融资。papi 酱对性别问题也有一定程度的关注,曾在某期短视频中旗帜鲜明地提出"反对任何形式的性别歧视"。"内涵才华型"女性网络红人试图杀出性别重围,以眼力和实力在网络上争取一席之地。

女性网络红人类型的演变经历了以上四种类型,除最后一种类型发展态势尚不明确以外,总的来说,女性网络红人的整体形象单一刻板,女性角色被人为窄化,女性网络红人被群体物化,成为奇货可居的珍品、假冒伪劣的商品、待价而沽的物品,最极端的则是将身体异化为工具。

二、女性网络红人作为文化符号附着及其表达着怎样的性价值观

女性网络红人作为文化符号,在借助网络表达自己、展现自己的同时,也在传递隐含在其显性行为背后的性价值观。无论她们主动抑或被动,无心抑或自愿,都没能逃脱再次沦为"第二性"的命运,这是其自身局限与网络环境合谋的结果,其具体表现形式如下。

(一)私人领域的累积与公共领域的缺失

网络环境丰富开放,拥有众多的话语平台,但唯有在身体、外貌、购物、情感等方面,即哈贝马斯所谓的"私人领域",集中涌现

出一系列女性网络红人,而更为广阔的公共空间却鲜有女性的身影或鲜有被关注的女性。其中的原因可以归纳为两方面:首先对于网民来说,传统性价值观惯性让他们自动化地将女性与私人领域相联系,因此集中关注该领域内的女性。其次,对于女性来说,在传统男女二元价值体系的作用下,以私人领域作为自己的主要活动范围和活动空间,具有极大的便利性和顺畅性。有且只有私人领域内的女性,才有可能、有条件成为网络红人,否则她们只能埋没在网络之中,成为普通一员。大众需求与个体选择的互动合谋,成就了私人领域内盛产女性网络红人的现状。两者均按照男权社会对女性的定位,即"男主外女主内"的传统规范,将女性安置于网络的"内部",即私人领域。女性网络红人有意无意地将更为广阔的外部,即"公共领域"拱手让给了男性。

(二) 主体意识的削弱与自我价值的放弃

网络经济的作用下,女性具有身体和美的双重价值属性。女性网络红人或借用身体,或利用美(包括对美的丑化表达)来树立存在感。女性被传统性别价值体系盘剥得只剩下身体和附着于身体的美的时候,普罗大众就不再关注她们在说什么、做什么、表达什么,美成为她们的唯一追求,身体成为她们的唯一所有。女性网络红人像橱窗一样展示自己或丑化自己,贩卖着自己的生活方式,或暴露着自己的个人隐私。这一过程势必导致其主体意识的削弱与自我价值的放弃。当作为主体的人消失后,带有展览、谈论、偷窥和购买意义的客体凸显,女性逐渐异化为客体。男权文化在女性网络红人身上彰显了自己的力量与价值导向,女性网络红人则依附于男性价值判断和审美情趣,在现实格局下分得一杯残羹。

(三) 女性话语权的让渡与放弃

网络是女性利用新媒体表达自我、集中体现女性话语权的平台。但女性网络红人有意无意地放弃了公共领域,将自己的发展空间压缩在私人领域,作为被观看的"客体"获得关注度,削弱了其自身的主体意识与自我价值,最终将导致个人权利的放弃乃至整个女性群体话语权的让渡。而女性对话语权的让渡与放弃会加强对男性话语权的依赖,进一步确立男性话语权的唯一性。男性成为规则与标准的制定者与评价者。在消费文化的作用下,性别与资本媾和使得对女性的污名化、物化与歧视愈演愈烈。作为公众人物的女性网络红人,具有一定的宣示作用和榜样作用,却在资本与网络的双重压抑中被迫让渡出包括话语权在内的权利,转而委身于男权文化。她们对于改变女性的弱势地位不仅起不到积极作用,反而会加剧女性背负的社会压力与性别偏见。

(四) 对男性权力的无力反抗

随着"内涵才华型"女性网络红人的横空出世,她们试图进入公共领域,转变性别刻板印象。但客观现实是,长期以来,由于女性在网络中话语权的异化和主体性的丧失，男性价值观主导并控制了一切。它利用手中的权力、既得的利益、掌控的资源压制和占有女性。比如，当papi酱获得1200万融资并开始拍卖第一条广告时，网络媒体的报道竟然是"罗胖凭什么把papi酱广告初夜权卖到1000万？""花1200万'包养'，然后转手就卖了？papi酱广告'初夜权'的红与黑"。papi酱的形象作为一个商品，1200万的融资变异为"包养费"，拍卖的第一条广告竟成了"初夜权"。文中还用"老鸨""头牌"等词汇比喻融资方代表和papi酱的关系。这些字眼带有极强的物化女性的色彩，且毫不掩饰对女性的性别消费。"内涵才华型"女性网络红人仍然没能逃脱贬低女性、歧视女性的传统性价值观。

网络确实给予了女性自我赋权的机会，但是它仍旧是现实世界的投射，按照现实世界的游戏规则运行。即使女性在网络中能一炮走红，成为"吸睛"与吸金的能手，但是仍旧被传统性价值观摆布，成为男权与资本的双重玩物。女性网络红人的出现、蹿红、更替过程集中体现了传统性价值观对女性的规制。女性网络红人始终未能跳出这一窠臼、真正实现个性的表达与释放，性别平等之路缓慢而崎岖。

三、对现有性价值观的反思

从以上分析可知，虽然目前我国社会的性价值观日益开放，但对于女性群体物化、贬低和歧视的现象仍然存在,且有愈演愈烈的趋势。为何女性网络红人作为文化符号,在现有性价值观的视野里更容易成为属于失去主体性的"客体",而不是成为具有主体性的人?为何女性网络红人的潜力发挥和特质多元化发展会受到性价值观的限制?为何不符合传统性别定式与审美形象的女性网络红人极易受到污名与歧视,或是遭遇来自社会的敌意或负面评价?

(一) 性别印象刻板化反映出传统性价值观的固化

无论女性网络红人如何类型各异,她们因其女性身份,始终没能逃脱性别刻板印象的魔咒,因此才会频频陷入性别消费和性别剥削的怪圈。所谓性别刻板印象,是指在生物性别和社会文化基础上形成的对两性的固定而概括的看法,其特点是一旦形成很难改变,因此也有研究者认为性别刻板印象近似于偏见。[①] 性别刻板印象的存在具有一定的必然性和现实意义,但它带来的危害也是显而易见的。它严格界定、限制了两性潜力的发挥和特质多元化的形成,实际上男女双方皆抑制了自己的某部分特质与能力,以符合传统性别角色规范的要求。而不符合传统性别规范的特质极易受到污名与歧视,并遭遇来自社会群体的敌意或负面评价。[②] 这些都是传统性价值观固化的表现。

---

① 张中学、宋娟:《偏见研究的进展》,《心理与行为研究》2007年第2期。
② 刘晅、佐斌:《性别刻板印象维护的心理机制》,《心理科学进展》2006第3期。

现代生物科学研究表明，人类基因上的性别差异很小，近年来大量的实证研究及元分析结果也发现，在许多心理变量上性别差异程度并不明显。[①] 基于此，有研究者提出了心理性别相似说（Gender Similarities Hypothesis），他们认为在承认生理差别的同时，男女两性的心理性别差异不具有显著性，个体差异远大于性别差异。[②] 该理论的重要意义在于进一步肯定了社会性别的流动性，为打破了性别刻板印象提供了理论依据。这对树立差异不是优劣、共性大于分歧的积极性价值观，对充分发挥两性优势，建立包容公平的社会具有重要的作用。

（二）性价值观形成缺乏自我探索与反思

性价值观的形成过程是个体与外界双向作用的过程，其最成熟的价值观内化水平被称为"自我同一性"（self identity）。自我同一性是心理学家埃里克森提出的概念，它是指个体逐渐把需要、情感、能力、目标、价值观等特质整合为统一的人格，从而"成为自己"的过程。[③] 加西亚在埃里克森的基础上按照是否有探索

---

① 梁斌、王进、尹媛媛：《性别异同，存异莫忘"同"——心理性别相似说的研究进展》，《四川师范大学学报（社会科学版）》2015 年第 2 期。
② Roberts, T. A. and Gettman, J. Y., "Mere Exposure: Gender Differences in the Negative Effects of Priming a State of Self-objectification", *Sex Roles*, 2004(51), pp. 52 – 59; Pahlek, E., Hyde, J. S. and Mertz, J. E., "The Effects of Single-sex Compared with Coeducational Schooling on Mathematics and Science Achievement: Data from Korea", *Journal of Educational Psychology*, 2013(2), pp. 34 – 46.
③ ［美］埃里克·H. 埃里克森：《同一性：青少年与危机》，孙名之译，浙江教育出版社 1998 年版，第 31 页。

与承诺将同一性划分为四类,分别为同一性获得(探索并承诺)、同一性延缓(还在探索未承诺)、同一性扩散(未探索未承诺)和同一性早闭(未经探索就承诺)。① 在性价值观领域中,"探索"具体表现为对性价值观以及相关社会规范的反思,"承诺"则意味着形成自己的价值取向甚至性价值观。

由对女性网络红人的分析可知,有探索和无探索的女性网络红人对待性问题的理念和状态完全不同。以木子美、若小安为代表的"性开放型"网络红人,她们展现的内容不同,但对性问题的探索都仅仅局限在传统性价值体系所规定的范围之内。因此,她们不过是一个问题的两种表现而已。前者难以突破传统性价值观,于是将男性对女性的标准转而针对男性,追求无差别的极端平等。后者蜷缩在父权制价值观的圈子里,扮演受害者的柔弱形象以获得关注。而以 papi 酱为代表的"内涵才华型"网络红人,她们对社会已有性别观念具有一定的反思,性权利意识开始萌芽。她们依托网络公开表达她们对现有性价值体系的不满。而无探索或未探索的女性网络红人则利用她们的外形优势或劣势,不假思索地倒向已有男权性别框架,在现有以男性为主导的性价值观作用下获取名声与金钱。在男权思想与守贞文化的笼罩下,绝大多数女性网络红人处于身份与自我双重缺失的境遇之中。对性价值观探索漠视、性自主权的放弃,在一定意义上意味着自我贬

---

① 马川、李晓文:《性别同一性的形成及研究角度发展》,《心理科学》2007 年第 2 期。

低和自我缺失。

对性、身体、欲望的自我掌控是自我探索与自我建构的起点,不管是男性还是女性,最重要的是成为自己。但令人遗憾的是,大多数女性网络红人在性价值观上束手束脚、举步维艰,抑或大放厥词、暴露隐私,她们并没能通过网络扭转传统性价值观对女性的贬低与物化。而"内涵才华型"女性网络红人仅仅由于其女性身份,也终究难逃社会对女性的性别剥削。[①]

(三) 性别平等评估机制的不健全强化了性别不平等的蔓延

网络造就了女性网络红人,也物化了女性网络红人。其制度根源在于性别平等评估机制的不健全,还停留在宣传和声讨阶段,缺乏实质性的动作[②],因此难以从源头上纠正传统性价值观中否认女性独立人格,鼓吹陈腐性别观念的内容。

所谓性别平等评估机制是指将性别平等的内容渗透到政策法规之中,且有相应的检测评估机制。但是目前国家层面上的性别平等评估咨询机构或专业的政策法律性别平等评估委员会尚未形成,即便有相关的委员会和评估机制,如何赋予它现实权力

[①] 王敏之、刘何蓉:《文明社会里的性别剥削——网络走红女性现象及其成因分析》,《青年记者》2010年第3期。

[②] 张文鸯:《新媒体语境下女性媒介话语权的缺失、异化及建构》,《新闻界》2004第2期。

也是需要认真思考的问题。党的十八大首次将男女平等作为基本国策写入报告,但是性别平等理念尚未被真正纳入法律政策制定和实施的决策主流,也尚未被纳入政府重大项目和规划编制实施的全过程。没有权力和实际操作能力的性别平等评估机制不具有阻止传统性价值观物化女性的能力。尤其是在相对自由的网络环境之中,女性作为玩物和生育工具的形象被无限放大,稍微有些社会性别意识的内容浮现,也会被性别消费的浪潮卷走。

而作为文化符号的女性网红既有文化符号本身的意义指向,即反映的是与之相对的能指在人们的头脑中所形成的观念、内涵等,也有青少年自创文化符号的影子。某一类型网红走红的背后,其实是数万亿人次的青少年投票,从这个角度来看,电脑手机屏幕前的单个个体构成了青少年受众与创造者的群体,有意无意地引导并共同参与了某一网络流行现象。对于一个行动文本而言,所指主要表明了这一行动本身所指向的目的和意义。

性别是个体生理特点与社会规范要求之间的符号建构。性价值观作为价值观的重要组成部分,是与个体发展联系极为密切的一种价值观。个体发展最初是从对自我性别的认识开始,并逐渐形成性别观念与性别认同。而跟性别相关的青少年自创文化符号的建构又是最为直接、最为丰富和最为长久的。无论是第三章涉及的异性交往游戏,还是本章涉及的"耽美""腐文化"和网络红人现象,都反映出在不同年龄阶段、不同传播媒介、不同次元空间里有着跟性别相关的固定文化符号。性价值观的发展建构受某种文化现象或是文化符号的作用,在明确了性别文化符号的敏感度的前提下,德育引导需要建构学校文化生态网络。为青少年的性价值观的发展提供丰富的文化符号与精神能量。

第五章

青年使用"萌化"符号实现政治社会化[①]

近年来,二次元文化以其独特的"萌"元素,借助虚拟偶像的力量,引发了我国青年群体的广泛参与,它呈现出的"文化景观"对我国政治话语的影响越发巨大。"萌"最初源于日本的动漫文化,在动漫界一般特指对动画、漫画、游戏中的角色、情节等的强烈爱好,是"御宅族"文化的产物。在本土化过程中,二次元中的"萌"与汉语中的"萌"融合衍化,日渐成为我国青年的网络流行语,并逐步被官方所接纳,呈现出"政治萌化"的新趋势。

第一节 从"政治萌化"到"反政治萌化":当代青年政治主体性的建构、再构与重构

"萌"发源于日本的动漫文化,最初被"御宅族"们用于表达对

---

① 感谢研究生孙妞、付莹对本章的资料收集和内容整理。

动漫角色的喜爱之情以及描述因喜爱而产生的热血状态,后在此基础上出现了一系列的动漫"萌"产物。"萌"在中文中指植物发芽,后引申为事物最初发生的状态,带有新生与生机之意。日本的"萌"文化传入中国后,其二次元色彩与汉语含义产生"化学反应",在嫁接、变异与本土化的过程中,"萌"演变为去成人化、可爱以及减压的文化。

青年借助互联网这一强大推手,将"萌"文化持续发酵,"萌"日益成为当代青年的日常审美,并参与政治、经济、文化的生产,衍生出诸多创意文化,"政治萌化"便是其代表。"政治萌化"由当代青年发起,逐步得到主流媒体的首肯。而饶有趣味的是,2020年初,作为发起人的当代青年却主动扛起了"反政治萌化"的大旗,其原因何在?本节以"政治萌化"到"反政治萌化"的发展流变过程为基础,分析当代青年政治主体性建构、再构与重构的动态发展变化,揭示当代青年政治参与从低幼化的身体在场走向成熟化的理性批判的转向。

一、"政治萌化"的兴起:青年政治参与的身体在场

21世纪是网络时代,也是新媒体时代,新媒体的产生改变了符号的传播方式。当代青年作为网络原住民,其生活方式、思维方式无疑深受其影响。与此同时,当代青年也顺势而为,主动参与到新媒体文化的创作中,引领了一个又一个时代潮流,"政治萌

化"便是其代表。当代青年一改往日政治给人的严肃印象,以流行于网络的"萌化"方式参与政治,抒发爱国情怀。

(一)"政治萌化"的内涵

有网友将"政治萌化"等同于"政治娱乐化"。两者同为新媒体泛娱乐化思潮的产物,虽有联系,但也有明显的区别,把握"政治萌化"与"政治娱乐化"之间的差异,有助于进一步深化对"政治萌化"内涵的理解。相较于"政治娱乐化","政治萌化"具有两个典型特征:第一,"政治萌化"具有特定的对象,即青年群体;第二,"政治萌化"具有特定的语言符号体系,即"萌"元素的加入。

但作为一个植根于新媒体的新兴网络用语,学术界对"政治萌化"的内涵没有统一的诠释。综合分析当代青年创造的各种"政治萌化"现象,可以理解为当代青年以新媒体为平台,运用拟人、拟物的修辞手法,以增加"萌"元素的创作方式,对具有政治色彩的现象进行符号化解读,从而表达某种政治情感,尤其是抒发爱国情怀的活动。"政治萌化"因时间热度的持续性与爱国情怀的表达性得到了主流媒体的青睐,转而发展到"官方发起"的阶段,此时的"政治萌化"已经成了主流媒体主动发起,以主流媒体为平台,以当代青年为宣传对象,以增加"萌"元素的方式,增强主流正能量宣传效果的手段。由此可见,"政治萌化"的内涵是动态发展的:由青年发起变为主流媒体代表发起,由政治情感表达工具变为官方正能量宣传手段,但其本质均为二次元"萌"文化与政治情感融合发展的产物。

(二)"政治萌化"的初显:青年"萌"文化的符号创造

早在十年前,网络范围内政治与动漫泾渭分明,热衷于政治的青年与喜爱动漫的青年互相"看不惯"对方,但在2010年左右,这一界限被一部叫《黑塔利亚》的日本动漫打破。该动漫以世界历史为主线,把包括中国在内的多个国家拟人化,虽然其中存在中性化甚至美化第二次世界大战中的侵略行为的嫌疑,但它传入中国后,热衷政治与喜爱动漫的青年从中得到了启发,在政治与动漫之间架起了一座"沟通的桥梁",以抒发爱国情怀,而这一"桥梁"便是"政治萌化"。自此,青年走上了"政治萌化"的探索之路。

青年在"政治萌化"兴起阶段的政治参与表现为感官先入、身体在场。通过各种"萌化"符号的创作、使用、宣传,以满足感官刺激,进行政治参与。首先,青年通过对政治人物进行视觉图像化加工这一手段,创作出虚拟偶像、表情包这类"萌化"符号,传递出政治参与的信号。在新媒体时代,图像已经取代文字成为青年交流与表达情感的重要符号,而感性直观的图像与娱乐化、消解性的青年亚文化具有一致性。同时,政治人物是政治的"代言人",是网络上的"红人",其言行举止在互联网环境下可以被无限放大,并进行政治化解读,这就促使青年通过将政治人物进行虚拟偶像化与表情包创作参与政治成为可能并迅速流行。其次,青年通过冠以政治象征物昵称这一"萌化"符号进行政治参与。他们以政治象征物的特点为创作依据,以网络流行词为参考,创作出一系列具有"萌"元素的昵称。最后,青年通过给予政治事件"萌"语言评论进行政治参与。青年将"萌化"昵称与网络流行语融合,组词再造,在网络上发布"萌化"言论并口口相传,如用"我也是醉了""本宝宝"等话语调侃政治事件。

(三)政治参与中的爱国情怀: 青年政治主体性的建构

"政治萌化"兴起的过程是青年"感官先入,身体到场,思想跟进"的过程,也是青年政治主体性建构的过程,其政治主体性的建构过程是通过爱国情怀的抒发逐渐从自发走向自觉的。

起初,动漫在青年圈层的流行使得单纯的视觉享受成为"萌"文化发展的核心要素,而后这种"萌化"的情感表达方式激发青年投身于"萌"文化的政治性创作、爱国情怀的"萌化"表达。

"萌化"符号创作的题材来源于现实,而创作依靠的是青年对题材的深入思考与个性解读,走红凭借的是青年的集体智慧与情感认同。"政治萌化"符号的创作与使用无不蕴含着青年一代浓厚的爱国情、真挚的爱国心,虽浓厚,虽真挚,但也尽显感性。青年深刻表达了"我爱我的祖国"的情感,但却缺少"我为什么爱国""我爱的国家是什么样的国家""我要怎样爱我的国家"的内在认同感,而这是一种自觉的境界。

随着青年思考的深入,动漫《那年那兔那些事儿》横空出世,它的爆红标志着青年一代政治主体性的建构由自发走向了自觉。《那年那兔那些事儿》以动物漫画的形式展现出中美关系等中华人民共和国成立前后的重大历史事件,这表明青年开始真正走近祖国的历史,回顾祖国的发展历程,关切祖国的未来发展,感受祖国强大的魅力,深化对爱国精神的阐释,一时间,看"兔漫"成了青年的"爱国必修课"。青年在深入了解政治事件、个性解读政治事件、创作"萌化"符号、融合爱国情感的探索过程中建构政治主体性,并由自发走向了自觉。

二、"政治萌化"的盛行: 青年政治参与的沉浸式狂欢

在新媒体时代视觉化传播潮流的作用下,在抒发爱国情怀的价值引领下,青年的"政治萌化"得到了共青团中央、《人民日报》等主流媒体的首肯。于是,当代青年在新媒体的"盛宴"之下和主流媒体的"庇佑"之中沉浸于"政治萌化"的创作,策划了一场沉浸式的狂欢。而沉浸式狂欢奏响了危机的前奏,青年陷入了政治参与低幼化的陷阱之中,危机的出现推动了青年政治主体性的重构。

(一)"政治萌化"盛行的原因

"政治萌化"是新媒体使然,这一点是毋庸置疑的。"政治萌化"取得了成功,而同样作为新媒体产物的"网络直播"却连连遭

遇批评,"政治萌化"策略取得成功的秘密何在？究其原因有两个方面。

第一,青年对儿童文化的留恋是推动"政治萌化"盛行的力量源泉。传统媒体时代的政治是高高在上的精英政治,而新媒体时代,政治的严肃性与权威性在泛娱乐化思潮与消费主义风气的影响下被解构了,这就使得政治可以以轻松、搞怪的方式呈现。伴随着政治严肃性与权威性解构进程出现的是青年个性参与政治的新需求,而"政治萌化"有效地充当了这一工具。"萌"文化具有去成人化、可爱以及减压的属性,因而"萌"是未成年文化,甚至是儿童文化的表征,"政治萌化"虽然由青年发起,但从来就不是青年文化,其盛行反映了青年对低幼儿童文化的留恋。当代青年大多是独生子女,是在几代人的宠爱下长大的一代,青年已经不是儿童了,但在某些方面父母仍然把青年当作儿童一样对待。父母以低幼化的方式照顾青年,打着"为你好"的旗帜干涉青年的选择,以维持自己作为父母的权力优势,但实质上是对青年本应具有的独立性与叛逆性的致命一击。同时,在消费主义风气盛行的网络时代,为了诱惑青年进行冲动消费,到处充斥着"童趣"的幼稚广告,而这些都导致青年始终无法割舍对早已不属于他们的儿童文化的留恋。面对着学业、生活中的种种压力,青年选择了低幼儿童文化以逃避现实,试图回到那个无忧无虑的儿童时代。通过沉浸式的"萌化"政治参与,青年获得了情感上的共鸣,快乐得像一群没长大的孩子。

第二,官方对"政治萌化"的认可是"政治萌化"盛行的助推器。主流媒体承担着传播主流意识形态的重任,但其官方化、严肃化的传播语言已经难以吸引青年群体的眼球,发展进入瓶颈期,而此时"政治萌化"无疑是给主流媒体度过瓶颈期提供了一种现实可行的发展策略。此外,"政治萌化"中传达出来的爱国情怀与主流意识形态具有一致性。青年通过"政治萌化"表达他们这一代坚定的爱国主义立场,抒发他们这一代见证祖国繁荣强大的自豪之感,凝聚他们这一代对国家风调雨顺、繁荣昌盛的美好祝愿,而这无不体现着主流媒体旨在传播的主流意识形态。每一代人都有区别于其他时代的独特表达方式,"政治萌化"是当代青年的爱国情怀在遵循主流意识形态规约前提下的时代性表达。基于此,主流媒体予以"政治萌化"制度化认可,并走上主动发起"政治萌化"的道路,却浑然不知该策略也存在导致权威缺失的可能。

(二)沉浸式政治参与:青年政治主体性的重构

在印刷时代,人们通过语言的沉浸式阅读提高独立思考的能力,而在新媒体时代,直观视觉化图像所带来的感官刺激使青年的思考方式发生了转向,其独立思考的表达方式也呈现出变化。2016年,以台湾女艺人周子瑜公开发表不当言论为导火索,青年组织了一场以社交媒体"Facebook""帝吧"为战场,以"表情包"为武器的席卷两岸的"爱国保卫战",即"帝吧出征 Facebook"事件,"小粉红"群体横空出世。三年后,香港事件期间,青年以"饭圈文化"为教材,以"爱国"为主题,以社交媒体为平台,给港独分子上了一堂生动的爱国主义理论课。此后,"阿中哥哥"这一符号化形象轰动全网,"守护全世界最好的阿中"等"萌化"表达纷纷登上微博热搜,热度持续不减,并获得了《人民日报》等主流媒体的转发宣传。

波兹曼在《娱乐至死》中指出:"符号环境中的变化和自然环境中的变化一样,开始都是慢慢地积累,然后突然达到了物理学家所说的临界点。"[①]这场沉浸式参与意味着"政治萌化"达到了其发展的临界点。视觉享受、身体参与、情感宣泄使得青年沉浸其中。作为普遍接受高等教育的一代人,青年的视野并不狭隘,他们很快意识到了可能出现的问题。当代青年洞悉"政治萌化"的娱乐性喧宾夺主,而政治严肃性被解构,他们意识到身体在场的"政治萌化"在传播的过程中已经"变异"的现实。国家与人民是"国家与公民"的关系,而不是"偶像与粉丝"的关系。"政治萌化"消解了国家机器的权威性与严肃性,青年的公民身份逐渐萎缩。面对这样的社会现实,当代青年主动重构其政治主体性。狂欢之中,许多青年发出反对身体在场而理性缺席的"政治萌化"的声音,质疑这种把国家当偶像的爱国方式,反思这几场冲动的网络化集体行动。政治主体性重构的过程是青年探索的过程,青年在探索的过程中表现出迷茫,但迷茫正反映着对政治参与的理性思

---

① [美]尼尔·波兹曼:《娱乐至死》,章艳译,广西师范大学出版社2004年版,第34页。

考,当代青年正在走出儿童世界的牢笼,以成人的眼光代替儿童的眼光去看待这个世界,以公民的身份代替粉丝的身份重新参与政治。他们在重构政治主体性的过程中呼唤娱乐有度,也在重构政治主体性的过程中塑造具有青年特征的成年文化。

三、"反政治萌化": 青年政治参与的理性化批判

在"政治萌化"烈火烹油般的繁盛中,也迎来了"反政治萌化"的端倪。2020年初新型冠状病毒疫情暴发以来,青年首先举起了"反政治萌化"的大旗,这其中的原因错综复杂,但正所谓"成也萧何,败也萧何",青年是"政治萌化"的创造者,也将成为其命运的"主宰者"。当代青年在重构政治主体性的基础上再构其政治主体性,相较于探索时期的迷茫,这次"反政治萌化"运动中的青年变得更加坚定有力。

(一)"反政治萌化"出现的原因

2020年初,新型冠状病毒席卷全国,收纳感染者的"火神山""雷神山"医院的建造直播引来数千万网友在线观看,部分青年将建造机器拟化为"蓝忘机"[①]"欧尼酱"[②]等符号形象。对此,绝大部分青年纷纷发出反对的声音,甚至连前期参与创作的青年也开始

---

① 小说《魔道祖师》中的男主角之一。肤色白皙、俊雅温润为其形象特点。
② 即日语"哥哥"的谐音,是一种亲昵的称法。

倒向反对的一边。青年就此公开打响了"反政治萌化"的第一枪，其中的原因主要有以下两点。

青年反对"政治萌化"中的儿童文化。如上文所述，"萌"从来就不属于青年文化，具有"儿童文化"的低幼性。儿童的世界是简单、天真的，因而"政治萌化"也具有简化现实、扭曲现实的局限性。以新型冠状病毒的昵称"阿冠"为例，能从"阿冠"中读出中国人民抗击疫情的艰辛吗？能从"阿冠"中读出生命逝去的悲痛吗？显然不能，相反，它呈现出的是戏谑、旁观与无所谓。"政治萌化"的语言符号体系解构了政治的严肃性，学者指出，过于笼统化的概括不利于突出某些与政治及政治关系特别密切的政治话语，更掩盖了其中不平等的权力控制意味。日常话语体系下的政治意味尚且如此，"萌化"语言下政治意味还能剩下几分呢？

同时，儿童文化的低幼属性在"政治萌化"娱乐性喧宾夺主的现状下暴露无遗。"反政治萌化"开始于新型冠状病毒肆虐期间，此时社会的主流情绪是严肃的，人们的无力、悲痛甚至愤怒的情感交织在一起。而"政治萌化"所具有的娱乐性与严肃的主流情绪背道而驰，此时的"政治萌化"娱乐消费疫情的意味引起了青年的不适。"政治萌化"的根本在于政治，当"萌化"成为主流的时候，就发出了"娱乐至死"的危险信号。疫情当前，青年的理性呼唤社会铭记这场"人民战争"的深刻痛楚与严肃意义。由此，青年通过"反政治萌化"展开对娱乐性喧宾夺主的低幼文化的反省与反抗。

（二）政治参与中的批判思维：青年政治主体性的再构

青年政治主体性的再构是以重构为基础的，如果说在重构过程中，青年在反思中尝试，那么在再构过程中，青年则在反思中行动。伴随理性回归，具有批判精神与责任担当的青年正以饱满的状态与十足的热情投身于新时代青年文化的创作之中。

当代青年直面娱乐性喧宾夺主的现实，面对主流媒体的"主动作为"，果断以"反政治萌化"的实际行动向官方代表提出话语权诉求。相比之前的迷茫，青年群体变得更加自信而坚定。青年的政治理性与批判思维不是一朝一夕就能养成的，是在社会的打磨下、舆论的刺激下逐步形成并深刻化的。青年在批判的过程中展现出健全独立的人格，面对官方代表"自上而下"的宣传方式，他们不再是被动接受，也不再保持沉默，而是理性地表达自己的看法，提出与官方代表平等交流的诉求。由此可见，青年已经在独立思考中追求自主的发展，而这次的"反政治萌化"就是青年群体在新冠疫情的社会大环境下的一次集体公开表达，也是当代青年在疫情阶段成长、成熟的表现。当代青年还以实际行动展现了这一代的责任与担当。在抗疫期间，青年医护人员深入前线，青年志愿者站好防疫的每一班岗，青年党员以身作则，青年突击队成了抗疫的主力军。事实证明，在青年一代身上，我们看到了他们作为成年人的责任与担当。

青年阶段是个体从儿童蜕变为成人的过渡时期，是个体发展的必经阶段,青年在年龄、生理上已经达到成人标准,但成人不仅仅是一个年龄概念,更是一个文化概念,青年文化奠定了成年文化的主基调,青年文化是成年文化的初显期,是成年文化的重要组成部分。如果说"政治萌化"是儿童文化在新媒体中的投射,那么"反政治萌化"则体现出具有青年特征的成年文化的创造与生产。从"政治萌化"到"反政治萌化",青年独立思考的表达方式一直在变化,而青年的独立思考能力投射到政治参与上,就体现为青年政治主体性的状态。青年在建构、重构、再构政治主体性的过程中,一步步生产出以"独立思考、理性批判、责任担当"为属性的成年文化。从"政治萌化"到"反政治萌化"也是当代青年从幼稚走向成熟的缩影。当年的青年已经在祖国的精心哺育下长大,他们变得更为独立、更为自信、更有担当,但不变的是青年的爱国情怀,这既是青年政治主体性建构、重构与再构的精神实质,也是推动青年政治主体性积极健康发展的核心力量。

第二节 从"政治萌化"到"反政治萌化":青年政治参与方式的转变及其引导

近年来,二次元文化以其独特的"萌"元素,借助虚拟偶像的力量,引发了我国青年群体的广泛参与,它呈现出的"文化景观"对我国政治话语的影响越发巨大。本节在思想政治教育的语境下,通过描述从"政治萌化"到"反政治萌化"的走向,分析当代青年政治参与方式的发展与转变,为思想政治教育的具体化和针对性提供思路。

一、"政治萌化"的生成

网络空间是"政治萌化"的主要场域,其虚拟性、延展性和自由性决定了网络空间具有其他场域不可比拟的优越性。"政治萌化"与官方主旋律并不相悖,因而逐渐被官方主流媒体所吸收,呈现出官方主旋律与二次元亚文化的交融状态。随着媒体技术的发展和后现代主义思潮的盛行,网络空间呈现出"萌化"和戏谑化的新特征,政治话语体系在互联网的发展中逐渐嬗变出一种"萌化"的政治话语传播方式,"政治萌化"由此诞生。

(一)"政治萌化"是二次元文化的产物

"政治萌化"是"饭圈"、二次元与爱国主义融合发展的产物,是指在网络空间中,青年通过"萌化"符号参与政治的活动。后来,官方主流媒体为了迎合青年群体的兴趣偏好,以国家拟人化为手段,充分挖掘二次元亚文化中的"萌要素",找准潜在"萌点",从而激发青年参与政治生活的热情,形成了一种新型网络政治话语传播方式。2013年,以中国近代史事件为主题,用各种动物作为创作源头的《那年那兔那些事儿》漫画在互联网中获得了极高人气。它以一种宏大叙事的方式,借助二次元文化的形式重现政治事件,受到了网友广泛好评,"兔漫"也成了青年爱国的标志。一时间,以"兔粉"为代表的青年粉丝群体不断涌现,掀起了一场声势浩大的网络爱国主义热潮。这些爱国影视作品都是在二次元亚文化的基础上,融合主流意识形态进行的二次创作,它们不仅是二次元文化传播的产物,也是"政治萌化"的重要内容。

(二)"政治萌化"从"权威化"向"日常化"转变

在传统媒介时代,政治是权威化的象征,然而随着新媒体技术的发展,网络突破了官民之间的壁垒,政治逐渐由官方走向民间。青年对政治参与有了新需求,他们渴望一改政治生硬晦涩的现象,利用娱乐化的技术手段,赋予政治生机。但是在消费主义理念和泛娱乐化思潮的影响下,政治呈现出"泛娱乐化"的发展趋势,柔化了严肃政治的话语体系。"政治萌化"充分挖掘二次元文化中的特殊"萌点",把握流行文化中的"萌元素",借助无厘头、缺乏逻辑和弥漫着幼感审美的低龄虚拟偶像传播政治信息,以达到吸引网民关注的政治目的。互联网去中心化传播使公众成为传播主体,短视频以读图形式降低了传播门槛,通过传播的"上浮"与"下沉",进一步推动网络爱国主义传播。在网络空间的虚拟世界里,人人都是麦克风,都能在有限自由的范围内进行个性化表达。因此,由网络粉丝爱国主义催生的网络新型政治话语表达,成为吸引青年参与政治生活的鲜活"卖点"。这在某种程度上对由政治精英搭建起的严肃型政治话语体系构成了解构危险,这种精英化特征催生了青年社会信仰的多元化属性与特征,青年群体通过审丑文化、戏谑与调侃等不同方式,对主流文化、精英文化进行颠覆和重构,进而使得政治逐渐从"权威化"向"日常化"转变,继而成为政治反精英化的土壤。

(三)青年"卖萌"与官方接纳形成"两个舆论场"的交流互动

伴随着互联网而成长起来的"90后""00后"青年群体,普遍受到动漫文化的影响,"萌"在他们中迅速流行起来。与"90后"相比,"00后"的触网率远高于"90后",网络日益走进"00后"的生活,已经成为他们不可或缺的生活方式。因而,作为青年群体的他们主动投身"萌化"实践,推动了官方主流政治意识形态与青年群体亚文化的交汇融合,加速了"政治萌化"的发展。

新媒体技术的飞速发展使得网络赋权得以实现,青年通过制造"萌点",选定语言认同符号,构建起一个相对封闭的趣缘文化圈。在此趣缘文化圈内,青年通过特定的政治话语传播方式谋求话语权力,以获取个体的身份认同,实现对严肃性、权威性、规范性的反抗。当代青年不再以一种正襟危坐的姿态去欣赏正剧,而是借助"萌点"在"萌化的拟态环境"中通过表情包大战等方式对政治人物进行二次创造,形成以爱国主义为轴心的"再生文化",

以此进行"政治萌化"。同时,官方媒体也开始在宣传报道中引导政治走上"萌化"道路,一个个幽默风趣的表情包,外加有意拼接的"萌言萌语",展现出了政治别有风趣的一面。"在青年群体主动萌化吸纳下,罕见地出现了官方主流意识形态和亚文化合流的趋势,在一定程度上实现了'两个舆论场'的互动。"①

二、"政治萌化"的解构

网络技术的发展和后现代主义思潮的发展使得网络空间弥漫着庸俗化和"泛娱乐化"的风气,并逐渐蔓延至政治领域,二次元亚文化的弊端不断涌现,以至于"政治萌化"遭遇解构风险。"政治萌化"遇"冷"可归结为以下三个方面的原因。

(一)当"萌"文化试图成为主流必将受到网络的二次解构

"政治萌化"将严肃的政治内容变得娱乐化、趣味化,迎合了媒体时代受众的表达需求。但当"萌文化"试图占据主流文化的制高点时,内生于它的问题必将暴露,很快便陷入网络解构的困境。

"政治萌化"产生于互联网的解构,汲取了"饭圈文化"的优

---

① 陈琳静:《从"正剧萌化"看青年话语变迁和文化反哺——以〈人民的名义〉为例》,《出版广角》2017年第21期。

势,自然也接纳了其存在的缺乏逻辑、拒绝反思等问题。在"饭圈文化"影响下,"政治萌化"认为万物皆可娱乐化,这种扩大化的娱乐效应转移了人们对权威政治的注意力,继而对泛娱乐化、庸俗化和扁平化的传播内容拍手叫好,"政治萌化"缺乏深度、缺乏内涵的问题也逐渐显露。当时我国处于新冠肺炎疫情防控的紧张时期,以娱乐化和戏谑化为目的的政治话语传播显然颠倒了政治与娱乐的主次关系,这种舍本逐末的政治现象与我国当前的疫情防控局势相悖,因而,当"萌文化"试图成为主流时,终将面临新的解构问题。

(二)政治萌化"忽略了受众的表达需求

"政治萌化"以儿童文化取代成人文化,倡导用一种可爱化、幼稚化的话语表达方式参与政治,这种形式把受众当作被动接受的个体,最终忽略了他们的表达需求。一方面,早期"政治萌化"受到广大青年网迷的热烈追捧,是因为它迎合了受众的心理需求,另一方面,随着"政治萌化"的发展,其遇"冷"也是因为它忽略了受众的表达需求。青年期望自己在政治生活领域享有平等的话语表达权,而不是处于被动灌输状态。青年虽然一直以来深受动漫文化的影响,但是他们并不是网络时代的"巨婴",他们仍然能够分辨不同信息,并且在是非面前做出自己的价值判断和选择。政治信息向来具有权威化、严肃化和规范化的特点,其代表的权威性神圣不可侵犯,特别是在当前政治"泛娱乐化"倾向突出的时代,政治的权威性日益受到娱乐化的挑战,在这一挑战之下,青年也逐渐认识到政治领域的过度"泛娱乐化"会给政治生活带来严重的负面影响,于是他们对政治有了新的需求,并开始渴望"娱乐有度"的政治生活方式。如果仅仅为了博得网民的关注而过度标榜"打 Call""控评""反黑""炒 CP",而不注重受众的表达需求的话,那么,"政治萌化"将不可避免地遭受遇"冷"的待遇。

(三) 虚拟偶像的故步自封

"虚拟偶像是在人工智能时代互联网等虚拟场景或现实场景中进行偶像活动的架空形象。"[1]伴随着时代发展的进程,它也正成为人工智能时代的新热点。因而,从技术实现的视角而言,虚拟偶像可以说是技术发展的产物,尤其是人工智能的发展为虚拟偶像奠定了坚实的技术基础。借助虚拟偶像创新政治话语表达方式,虽然在某种程度上能够起到一定效用,但本质上仍是少数群体的行为。在此过程中,政治并未逃离二次元亚文化的束缚,它依旧表现为幼稚化、童气化的"儿童文化",缺乏"成人文化"的独立思维与责任担当,难以发挥最大效应。这些"政治萌化"的内容都给受众留下了以"萌"为乐、哗众取宠的错觉,这也正是"政治萌化"故步自封的映射。

---

[1] 喻国明、耿晓梦:《试论人工智能时代虚拟偶像的技术赋能与拟象解构》,《上海交通大学学报(哲学社会科学版)》2020 年第 1 期。

三、从"政治萌化"到"反政治萌化"看当代青年政治参与的发展与转变

"政治萌化"的演变与"反政治萌化"的发端并不是虚无缥缈的"空中楼阁",而是由爱国主义推动、儿童文化激发和青年群体主体意识反思共同作用的结果。

(一)从"政治萌化"到"反政治萌化"都是当代青年爱国情怀寄托的产物

随着网络爱国主义的发展,"政治萌化"被广大青年网友当作抒发爱国情怀、寻求情绪共鸣的一种精神寄托。在"政治萌化"的过程中,粉丝爱国主义与国家意识形态完成了突破圈层壁垒的融合,借助粉丝的力量对异己力量在网络空间进行话语碾压,以符号为媒介,对符号赋权在声势浩大的爱国实践中构筑起完整的话语体系。爱国主义是"政治萌化"与"反政治萌化"的情感核心与行为推手。从"政治萌化"到"反政治萌化"的不同阶段,爱国主义始终扮演着重要角色。首先,在"政治萌化"的初期,在偏爱动漫的青年群体中,国外"政治萌化"动画广受欢迎,也实现了他们重新用另一种方式阐述爱国情怀的愿望。紧接着,在"政治萌化"的本土化阶段,《那年那兔那些事》漫画及动画片的问世揭开了"政治萌化"的新篇章。它以中国近代史事件为主题,用各种动物形

象类比国家为创作源头,讲述中华人民共和国成立以来的各阶段历史,激发了一代青年群体的爱国热情;最后,在"政治萌化"向"反政治萌化"转变阶段,随着民间"萌化爱国作品"的到来,"政治萌化"的范围逐渐扩大,形成"水滴效应"。它也不再局限于"萌化爱国作品",而是随之扩散至"饭圈"女孩出征等一系列事件。围绕这些原本严肃的政治事件的戏谑化报道激起了网络爱国主义者不满,使得他们开始利用网络力量批判政治的"泛娱乐化"现象,从此,"政治萌化"走向了它的反面,呈现出"反政治萌化"倾向,这无疑是青年爱国主义情怀寄托的真正诠释。

(二)从"政治萌化"到"反政治萌化"是"儿童文化"的消弭和具有青年特征的"成人文化"的兴起

"政治萌化"透露出青年网民想要亲近政治的一种心态,然而这种"萌化政治"大多停留在表面,缺乏对实际政治事务的参与,并且"'萌'也具有去政治化的倾向",基本不具有复杂的内涵,是儿童文化的表征。"'萌'其实并非青年人特有的文化,而是未成年的文化,在这之中,儿童文化成了被征用的资源。"那么,"政治萌化"即可视为一种新式的"儿童文化",是成人对儿童表意符号的依恋。从"政治萌化"到"反政治萌化"的过程中,以"卖萌"为趣的"儿童文化"暴露出诸多弊端,这种"寄宿"型的"儿童文化"仍然无法摆脱幼稚感和极度无厘头的现状,终究难以逃脱消弭的困境。

在互联网语境下,青年被赋予更多的话语权,进而基于这些符号的赋权功能,他们主动尝试以个体身份参与政治生活。在"反政治萌化"形势下,他们与官方媒体据理力争,由此可以看出,此时他们正以独立的姿态考察政治问题,实现了从被动接收到主动参与的转变。青年日益成熟,开始摆脱对"儿童文化"的依赖,转而建立一种具有个性化、独立化与责任化特征的"成人文化"。所谓个性化的"成人文化"是指青年立足于个性追求,通过个性表达的方式参与政治。面对官方媒体在不恰当的时机进行政治"萌化"宣传,青年勇敢地站出来,利用独具特色的青年话语进行个性化表达,在捍卫政治的权威性基础上发挥着积极效应。所谓独立化的"成人文化",是指青年在独立思考的基础上做出自己的政治选择。当爱国主义的"政治萌化"偏离了政治走向之时,青年并未盲从,而是以独立思维重新审视"政治萌化"。所谓责任化的"成人文化"是指青年意识到自己的政治责任,并以实际行动将它担在肩上。在"反政治萌化"浪潮下,众多青年秉持爱国主义理念,坚定政治信仰,把握责任担当,重现了新一代青年的生命力和感召力。

(三)从"政治萌化"到"反政治萌化"彰显着青年主体意识的成长成熟

随着数字化媒体的出现,网络滋生出戏谑化和"泛娱乐化"的倾向,加速了"政治萌化"的"去政治化"。学者何威认为,"去政治化"就是"主体(亚文化中的个人或群体)尽量避免严肃的政治论辩和政治参与,采取疏离的态度;客体(亚文化的内容、文化实践的对象)与现实生活中的政治议题相去甚远,缺少关联"。①"去政治化"在某种程度上可以说是"泛娱乐化"的产物,它以庸俗化遮蔽了政治的权威化。由架空世界观而形成的"去中心化的政治"远远背离了我国政治话语的走向。"青春活跃的话语与内容逐渐俘虏与操控了青年的灵魂。"②青年在娱乐化和戏谑化中丧失了话语主动权,精神空虚和信仰虚无让青年在社会现实面前变得无所适从,"政治萌化"遭遇解构风险。

疫情期间,"政治萌化"逐渐被与"政治娱乐化""饭圈化"联系起来,此时,网友便对"政治萌化"产生了反感与厌恶之情,开始公然批判"政治萌化"。反观《那兔那年那些事》的漫画及动画受到网民的一致好评,其娱乐之下潜藏着青年对国家政治现状的关切,由此可见,"反政治萌化"是青年为了维护政治权威,以饱满的爱国热情审慎地对待政治事务的重要体现。"政治萌化"与"反政治萌化"都是青年思想动态在政治领域的反映,但是相对于"政治萌化"而言,"反政治萌化"的爱国主义色彩显得愈加浓厚。

---

① 何威:《二次元亚文化的"去政治化"与"再政治化"》,《现代传播(中国传媒大学学报)》2018年第10期。
② 卜建华、徐凤娟:《网络社会青年信仰泛娱乐化庸俗化风险的"文化景观"与破解策略》,《中国青年研究》2020年第1期。

从"政治萌化"到"反政治萌化"彰显着青年主体意识的觉醒，青年正以批判思维考察政治，渴望摆脱对儿童文化的心理依赖，重塑权威性的政治话语体系。因而，在思想政治教育语境下，对"政治萌化"的正确引导即通过思想政治教育提升青年主体意识，引导青年通过"政治萌化"实现"再政治化"。

四、运用思想政治教育引导青年通过"政治萌化"实现"再政治化"的路径

将青年"政治萌化"放置在道德教育的语境下探讨其引导策略，就是在提升青年主体意识的基础上，运用学校的引导使"政治萌化"实现"再政治化"。

（一）秉持爱国主义理念，"立足本来""吸收外来"和"面向未来"

早期"政治萌化"诞生于爱国主义影视作品，对我国政治发展产生了重要影响。因而，对"政治萌化"的正确引导也应当继续秉持爱国主义理念，坚定"立足本来""吸收外来"和"面向未来"三大原则。首先，就"立足本来"原则而言，媒体应当从现实情境出发，把握"政治萌化"的适用场合。因而，为了使"政治萌化"摆脱庸俗化、浅薄化、贫瘠化的状态，官方媒体应当充分考虑现实情境，准确把握"政治萌化"的适用场合。其次，就"吸收外来"原则而言，

青年群体应当合理接纳外来文化成果,适度进行"政治萌化"。日本动漫是中国"90后"与"00后"成长中的重要语境,青年在面对这些形形色色的外来文化时,一方面应当始终保持清醒的头脑,合理吸纳二次元文化中的有益成分为我所用,另一方面也要适度进行"政治萌化",让该严肃的政治继续保持严肃。最后,就"面向未来"原则而言,青年应当坚定政治信仰,推动"政治萌化"重构政治威信。"政治萌化"通过融合现代元素和幽默化的语言迎合了当下潮流,给文化发展带来了无穷无尽的探索,但是过度"泛娱乐化"、庸俗化因素逐渐侵蚀青年的精神世界,导致青年出现精神梦魇与信仰踌躇现象。面对"泛娱乐化"带来的种种弊端,青年要坚定政治信仰,推动"政治萌化"重构政治威信。

(二) 变革思想政治教育话语体系,摆脱儿童文化的稚气,塑造青年文化的责任与担当

所谓"话语体系",是指同类事物内部的具体实践语言符号系统。话语在于使用,即符号使用,思想政治教育话语体系借助语言符号有效传递思想观念、价值取向及行为准则等内容。从"话语体系"的角度来看,"政治萌化"是官方主流话语体系与二次元亚文化的较量。然而,"萌"隐含了"去萌"的可能性,"萌"肩负不起成人文化中的独立与担当。因此,应当变革思想政治教育话语体系,逐步摆脱儿童文化的稚气,塑造青年文化的责任与担当。一方面,人们可以通过生动、接地气的思想政治教育话语帮助青

年在"萌政治"面前做出慎重选择。亲和的语言如同拂面的春风、微润的细雨,能够在无声无息中感染与吸引教育者,引发情感碰撞,促进对话沟通。运用思想政治教育引导"政治萌化"的走向,应当把握"政治萌化"的关键所在,利用亲和的思想政治教育话语进行有针对性的指导,从而帮助他们在"萌政治"面前做出慎重选择。另一方面,也可以通过严谨的思想政治教育内容规范"政治萌化"的走向,构建青年"成人文化"的政治责任与担当。严肃的思想政治教育内容能够把"政治萌化"约束在规范化的领域内,引导人们意识到"政治萌化"不是娱乐场,而是官方主旋律的传播渠道,主动承担起青年"成人文化"的政治责任与担当。因而,青年应当主动参与政治事务,争做政治文化的宣传者、守护者。

(三)创新思想政治教育话语传播方式,耦合线上线下传播载体,提升青年主体意识

以"两微一端"为代表的传播媒介,开拓了政治话语的传播范围,也使抽象的政治理论入脑入心。"随着互联网尤其是社交网络的发展与普及,青年群体的表达、交往、组织方式彻底转变,技术创新与青年文化发展的关系越发密切。"[1]网络技术的发展应用加强了技术创新与青年文化之间的内在联系,不仅凸显了青年在网络中的主体地位,而且也为创新思想政治教育话语传播方式带

---

[1] 蒋广学、王志杰:《"互联网+青年教育"的热实践与冷思考》,《中国青年研究》2017年第7期。

来了巨大便利。

新媒体的便捷化和普及化使得青年群体在个体化意识的催促下开始对政治信息进行加工制造,成为信息的传播者、发布者,进而结成"政治趣缘群体"。在小圈层内表达政治诉求,这足以说明过去青年群体被动接受政治话语熏陶的旧图景已经落下帷幕。网络语境碎片化的时代的到来,为思想政治教育话语体系开拓了多元化的传播渠道,其中思想政治教育线上传播渠道主要包括"两微一端"、电视、广播等载体;思想政治教育线下传播渠道主要包括报纸、杂志、宣讲等载体。思想政治教育的线上、线下两种政治话语传播方式各有其优势,思想政治教育可以耦合线上、线下两种传播媒介进行政治话语范式转型,这有助于改变过去思想政治教育在关键时刻"失声""失语"的现象,从而帮助青年在网络虚拟空间中拨开"政治泛娱乐化"的迷雾,重塑青年主体意识,在独立思考的基础上有效顺应官方政治话语的传播形式,实现"政治萌化"形式的"再政治化"。

第六章

道德心理学的理论发展与现实启示

第一节　皮亚杰的道德发展理论

发展心理学在皮亚杰和柯尔伯格的影响下,长期关注对道德认知的研究。皮亚杰从思维和认知的角度出发,把青少年的道德发展描述为从他律到自律的过程,并将其划分为三个阶段,这三个阶段既相连续,又相区别。其区分标准反映在三类不同性质的规则上,本节将分别具体阐述。

一、青少年道德的发展阶段

前道德阶段在皮亚杰的认知发展理论中属于感知运动阶段,就道德发展而言,则属于道德萌芽阶段。婴幼儿在该阶段仅有一些构成情绪的情感反射,随着他们的生长,情感会与动作发生联系，他们会逐渐用动作来表达情感或是用情感来支配动作。

道德实在论或他律阶段，属于皮亚杰的认知发展理论中的前运算阶段。这一阶段又可划分为两个亚阶段：一为自我中心阶段，此时儿童处于前运算思维阶段。其表现为只能单向度的以自我为中心，未能与同伴或成人形成合作关系，也较难从他人的角度进行认知与感染。二为权威阶段，此时儿童从前运算阶段过渡到具体运算阶段，他们的道德判断是唯结果的判断，基本不考虑主观动机，并且刻板地服从规则，绝对地遵从权威。皮亚杰所谓"他律"是指儿童将外在的标准和规则视为唯一准则，他们的第一道德感是服从。他们对道德评价、判断时，只注意行为的客观效果，而忽视行为者的主观动机，带有一定的机械性。

道德相对论或自律道德阶段，属于皮亚杰认知发展理论中的具体运算阶段。所谓"自律"，即儿童的道德判断受主观价值标准所支配，儿童在道德发展力面产生了相互尊敬的情感以及合作的或自律的道德，儿童是非判断的主要根据是行为者违反社会规范的动机，而不是行为的客观原因。皮亚杰通过大量的实证研究，反复论证了由"他律"道德向"自律"道德过渡是贯穿青少年道德发展全过程的一条主线。

在此基础上，他还从道德判断的角度，围绕青少年对行为责任的看法、公正观念和惩罚的定义进行了研究。这些研究对了解青少年道德心理的具体发展过程起到了非常重要的作用。皮亚杰从青少年对过失行为的判断和对说谎概念的理解来研究他们对行为责任的评价判断情况。通过一系列实证研究，皮亚杰得出了如下结论：低龄儿童往往根据行为的客观后果来做道德判断；而年长儿童则往往根据主人公行为的主观动机，即行为的主观责任来做判断。这两种判断形式不是同时出现的，也不是同步发展的。这两种道德判断的过程是部分地重叠的，皮亚杰把这两种判断过程部分重叠的时期称为道德法则内化阶段。道德法则的内化是儿童思维发展到具体运算阶段出现的那种内化的智力活动的结果。

二、青少年的公正观念的发展阶段

对青少年的公正观念是皮亚杰道德发展研究中的一项主要课题。通过研究，皮亚杰指出，青少年是在掌握了规则的概念之后，才开始构建其公正观念的。他的研究发现，青少年的公正观念的发展经历了三个时期。

第一个时期是服从期，这一时期儿童的公正观念同成人对儿童的要求具有极大的一致性。他们对公正的判断是以服从为特征的。虽然儿童有时也遇到各种不公正的对待，但如果成人坚持自己的决定，那么他决定的一切在儿童看来都是公正的。在这个时期，当服从与平等相冲突时，儿童倾向于服从。

第二个时期是公平期，这个时期青少年的道德发展开始朝自律过渡。他们自律的能力逐渐增强，公平逐渐高于权威。在分配公平的范围内,公平是至高无上的。当权威与公平发生冲突时,这个时期首先考虑公平。这个阶段也最能听到青少年抱怨:"……这不公平!"

第三个时期是高级的公平期,这个时期的青少年能根据具体情况来考虑个人应该享有的公平范围。他们已能用公道不公道来对道德标准进行判断。他们寻求的是有差别的平等,而不是笼统地平等,它实质上是"一种高级的平等"。

皮亚杰对青少年心目中什么是惩罚的研究包括两方面:其一,在青少年心目中,什么样的惩罚是公正的?其二,在他们看来,什么样的惩罚最有效?关于第一个问题,皮亚杰设计了一些关于惩罚的故事,每个故事的内容都是青少年日常生活中的场景。每个故事结束后提出惩罚办法,要他们对哪一种惩罚最公正做出判断。

皮亚杰把他从低龄儿童中观察到的惩罚观念称为抵罪性惩罚,即犯了错就应该遭受惩罚,以惩罚来抵消犯错,而且惩罚必须严厉,越严厉越有效。这个阶段的儿童不考虑犯错内容与惩罚性质之间的关系。皮亚杰认为,抵罪性惩罚是儿童在成人的强制下和约束下产生的,是他律道德的表现。抵罪性惩罚反映了一种强制的、服从的伦理道德观。这种伦理道德观往往使儿童分不清是非,对儿童公正观念的形成和发展起阻碍作用。随着年龄的增长,青少年进入到回报性的惩罚阶段,即如果犯错,不用给予外在的惩罚,周围的伙伴、家长或老师都会嫌弃他。这个阶段的青少年开始从社会关系角度思考问题,而回报性惩罚则是青少年间社会合作的产物,是自律道德的表现。回报性惩罚属于相互尊重的伦理道德观,这种道德观有利于形成青少年之间以及青少年与其他人群间的互相尊重的情感,有利于青少年形成公正观念。

皮亚杰在对青少年的道德认知发展水平和道德判罚方式进行研究之后,提出了促进青少年道德发展的两点思路。他提出,青少年的道德发展与认知发展一样,是与环境不断作用的双向建构过程,也是其自身道德经验不断再建构的过程。因此,青少年的道德发展与他们的思维发展是相辅相成的。皮亚杰还认为,社会交往有助于青少年的道德发展,有助于他们在社会交往中发展观点采择的能力。所谓观点采择,即在社会交往过程中,理解别人的行动动机的能力。社会交往中会涌现出大量观点采择的机会,青少年也会在此过程中感受、体会、学习、应用观点采择,实现顺利的人际交往。青少年在社会情境中所表现的观点采择方式是不断发展的,这就构成了青少年道德的发展阶段。

第二节　柯尔伯格道德发展阶段理论

受到皮亚杰的启发,美国心理学家柯尔伯格在他的博士论文中更为详细地阐述了青少年的道德发展阶段,提出用以解释青少年的道德判断发展的道德发展理论。柯尔伯格认为,道德判断是道德行为的基础,可以区分出三个发展水平与六个发展阶段。青少年在每一个阶段都比前一个阶段对道德困境的回应更为适当。柯尔伯格还在此基础上广泛拓展，确定道德发展的过程主要是对正义的看法，并将其作为毕生的学术追求，赋予道德发展的研究以哲学意义。

一、柯尔伯格的道德发展阶段

柯尔伯格通过使用道德两难故事将青少年的道德反应进行分类，然后总结出前习俗水平、习俗水平和后习俗水平三种水平。与皮亚杰建构主义的认知发展理论阶段模型类似，柯尔伯格认为阶段的倒退——丧失高级阶段的能力是极为罕见的。没有人一直能够处于最高阶段；不可能"跳跃"中间的阶段；每个阶段都比前一个阶段的观点更加全面，更加综合，也更加清晰。

第一个水平为前习俗水平，这一水平的道德推理在青少年中非常常见，有时成人也会表现出这种水平的道德推理。所谓前习俗水平的道德推理，就是指根据行为的直接后果来进行推理。前习俗水平包括道德发展的第一阶段服从惩罚阶段和第二阶段利己主义阶段，其表现都是只关心自己，表现出利己主义倾向。在第一阶段，幼儿关注行为的直接后果与自身的利害关系。例如，如果一个人由于某个行为而受到了惩罚，幼儿则理解为这个是"坏行为"，一个行为所受的惩罚有多严重，就说明这个行为有多"坏"。幼儿极为关注成人等权威人士的看法，而不会去关注其他人的看法。这个阶段被柯尔伯格称为权威主义阶段。第二阶段，幼儿持"对我有何好处"的立场，将正确的行为定义为对自己最有利的行为。第二阶段的道德推理仍旧只关注自己，例如"你打了我，我要打回来"。幼儿在前习俗水平时期缺乏社会性角色或社会性关系的认识，不会因社会契约（第五阶段）而烦恼，而只关注是否满足自己的需要和兴趣。

第二个水平为习俗水平，习俗水平的道德判断是青春期青少年和成人的典型状态。使用习俗推理的青少年在对行为进行道德判断时，会将这些行为与社会推崇的观点或社会期望相对照。习俗水平包括第三阶段人际和谐或一致性阶段和第四阶段法律秩序阶段。在第三阶段，青少年进入社会，扮演社会角色，承担社会责任。青少年日益关注其他人的态度，并力图保持与周围社会角色的和谐一致。他们努力要做一个"好孩子"，实现这些期待。在第三阶段，青少年对一个行为进行道德判断，是根据这个行为对人际关系所带来的后果，包括尊重、感谢和互惠。在第四阶段，青少年日益重视法律和社会规范，并且认识到它们对于维持社会有效运转的重要性。青少年在这个阶段的道德判断认为社会的要求胜过个人的要求。如果有人触犯法律，每个人都有义务和责任来捍卫法律或规则。只要有人确实触犯了法律或规则，那就是不道德的。这个阶段的青少年对于规则的认识较为刻板，缺乏灵活变通。

后习俗水平又称为原则水平，包括道德发展的第五阶段社会契约阶段和第六阶段普遍的人类伦理阶段。这时,个体成为从社会突出出来的单独的实体。个体自己的观点应该放在社会的观点之前。由于后习俗水平也是将自我放在他人之前(特别在第六阶段),有时会被错认为是前习俗行为。在第五阶段社会契约阶段,认为个体应有自己的观点和主张。因此,法律和公共政策被看作一种社会契约,不一定要遵守或遵从。对于那些不能提升总体社会福利的法律和公共政策,应该对其进行修改,使之达到"给最多的人带来最大的利益"。这要通过多数决定来达到,而且妥协不可避免。第五阶段的道德推理是民主政治的基础。在第六阶段,个体道德推理是基于普遍的人类道德进行抽象推理,它超越了第四阶段。处于这个阶段的个体,认为只有在基于正义的情况下,法律才是有效的。法律所许诺的是正义,所以恶法不必服从。同样,它也超越了第五阶段。虽然柯尔伯格坚持第六阶段的存在,但是他很难找到一个参与者能够一贯处于第六阶段。结果显示很少有人曾经达到柯尔伯格模型的第六阶段。在真实的道德发展过程中,有些人经历了道德阶段的倒退。对此,柯尔伯格修订了道德发展理论,他认为从第四阶段到第五阶段之间存在一个过渡时期,即 $4\frac{1}{2}$ 阶段或 4+ 阶段,该阶段同时拥有第四、第五阶段的特征。在这一阶段,个体会对法律或秩序产生怀疑,认为法律或规则也存在漏洞。这一阶段经常被误认为第二阶段的道德相对主义。柯尔伯格注意到这经常发生在青少年进入大学的时候。于是柯尔伯格进一步推测,可能存在第七阶段(超验道德或宇宙道德定向），将宗教与道德推理相联系起来。不过，由于柯尔伯格对提供第六阶段的经验证据尚有困难，他对第七阶段的表述大部分仅存在于理论探讨阶段。

按照柯尔伯格的理论，人们在向高一级道德推理阶段前进时，不可能跳跃某个阶段。例如，一个人不可能从主要关注周围人判断的第三阶段，跳跃到支持社会契约的第五阶段。不过，当一个人遇到道德困境时，会对自己现有的道德推理水平不满意，就可能指向下一个水平。发现目前思维阶段的局限性，推动着道德发展，使得每一个发展阶段都比前一个阶段更为适当。这个过程是主体有意识的建构过程，既不是天生的，也不是过去经验的结果。柯尔伯格的理论强调正义，他反复论证正义是道德推理的本质特征，强调道德与世界的关系，道德与逻辑表达的关系，以及道德推理的角色。同时，他也强调知识与学习有益于道德发展，其中观点采择和理解社会的水平特别重要。每进入一个新的阶段，这两项都变得更为复杂、更为成熟。

二、柯尔伯格道德发展阶段的现实价值

了解道德生成发展的规律有利于促进德育实践。这应该是道德发展研究的目标。但是，在现实的道德教育中，有研究者得到对道德发展的阶段性特征比较清晰的认识，试图将发展研究成果转化为道德教育的实践时，往往难以如愿。这表明柯尔伯格道

德教育研究可对进一步认识道德发展研究与道德发展建构的关系予以启示。柯尔伯格自己也对相关内容进行了反思。他最初采取道德两难讨论法用于教育实践。道德讨论法包括两个重要方面：一是引起儿童对真正的问题情境产生道德冲突、分歧和不确定，二是实施儿童高于其原有发展水平一个阶段的道德推理方式。道德讨论法在好几个国家得到推广应用。柯尔伯格发现，尽管这种模式对促进儿童道德判断的发展有效，对促进儿童道德行为的成熟也有一定作用，但难以持续，很多教师不愿意长期不懈地采取这一策略，"道德两难问题讨论对于研究者是一种有效的工具，但对于教师和学生却是无效的或无意义的"，"就心理学实验而言，的确是成功的，然而用于正规的道德教育则尚需考虑"。柯尔伯格从实验后效的挫败中还悟出了这样一个道理：道德发展的心理学研究不是在教育实践中产生的，因此，直接搬到学校教育实践中必然有其局限性。后来，柯尔伯格改变了这种做法，转向建构学校中的公正和民主的道德氛围，来影响学生，促进道德发展。柯尔伯格把这一道德教育策略称为公正团体法。公正团体法来自道德教育实践的总结，最初的启示是以色列集体农庄的中学教育实践，这所学校学生的道德判断测验得分明显高于以色列城市里的学生。柯尔伯格认为，它所形成的集体教育的氛围为培养有责任感的社会成员提供了最适宜的环境。柯尔伯格的研究和实践说明，青少年道德引导中集体氛围的培养与校园生态的建立比单纯的个体培训更有效果，也更具现实性。

第三节 吉利根对道德发展发出的"不同的声音"

女性主义心理学家大多认为传统的心理学知识中充斥着男性中心的偏见,集中体现为以生物决定论为基础,认为女性的心理发展落后于男性,并以男性的标准度量女性的心理发展。传统的道德研究忽视了女性独特的道德经验和直觉,没能体现女性的意识,贬低了女性的社会价值。这是一个既涉及女性在历史和社会中的地位,又关系到道德心理研究方向的问题。20世纪蓬勃发展的妇女解放运动极大地启发了女性主义心理学家,她们开始审视这些以往被认为是客观真理的理论,通过对女性的临床和经验研究来重新说明女性的心理发展。卡罗尔·吉利根就是其中的杰出代表。她的最大贡献在于,让女性的经验与声音进入心理学的理论建构中,在"公平正义"的理想之外,提供另外一种"关怀他人"的道德思考。

一、吉利根的道德发展理论

卡罗尔·吉利根是美国女权主义者、伦理学家和心理学家。她对于柯尔伯格的道德发展阶段论以及以正义和权利为道德发展最高阶段的理论进行了继承与批判。吉利根留意到,柯尔伯格研究的对象均为白人男性及男孩。柯尔伯格在与其同事所开展的道德推理研究中,的确是从以男性为主体的实例中概括出了人类道德发展的标准,认为道德发展是一个分为六个阶段的循序渐进的过程。按照他的级别划分,女性一般只能达到第三阶段,而男性通常能达到第五阶段,即一个更加发达的阶段。这一研究一经发表便获得了心理学和教育学界的广泛认可。但是这一理论也强化了女性在道德上和精神上没有得到充分发展的认识。吉利根认为,女性有一套与男性完全不同的道德推理风格。为了回应柯尔伯格的研究,1982年,吉利根出版了题为《不同的声音:心理学理论与女性发展》(以下简称《不同的声音》)的著作,开启了道德心理学领域有名的"吉利根与柯尔伯格之争"。

在第二次女性主义运动浪潮中,1973年美国最高法院通过"罗诉韦德案"(Roe V. Wade),使流产合法化,并赋予妇女在流产问题上的决定权。这一事件是吉利根开始其道德发展研究的导火线。在最高法院使妇女的自我表达合法化,使她们的声音在负有生死责任的复杂关系问题上起决定作用时,吉利根发现,许多妇女开始意识到一种妨碍自己讲话能力的内在声音的力量。正是在这种观察的基础上,吉利根把目光投向了女性道德心理发展这一全新的领域。因此,在《不同的声音》一书中,吉利根展示并分析了29位15岁～33岁、不同种族及背景的女性分别在不同时间所做的两次访谈,澄清女性如何去处理建构及解决怀孕或堕胎的道德处境。

吉利根发现,女性把道德定义为实现关怀和避免伤害的义务问题,与男性探讨公正及权利时表现出的抽象的"形式逻辑"形成强烈的对比。吉利根认为,女性判断道德问题时的犹疑不是由于缺乏思考抽象的权利及正义的能力,反而是基于对现实的复杂性的了解。与此同时,她将关怀伦理划分为三个发展阶段:第一阶段为确保生存而关怀自我的需要,在这一阶段,道德是社会强加的约束,但女性为了生存,必须要遵从相关的社会道德,第一阶段往往会被批判为"自私"。到第二阶段,女性产生对他人联系的责任,试图对依赖者做出保护,甚至在此过程中会以牺牲自我的方式表现出来。在这一阶段,女性的主要关怀在他人身上,"善"被看成取决于其他人的接受,用吉利根的话说,就是传统的女性声音极为清晰地出现了。在传统对女性的教育中,不断反复地要将女性培养为关怀者与照顾者的角色。她发现在男孩发展形式逻辑思维的同时,女孩在早期学校阶段的道德发展在青春期却做出了让步,对男孩子来说,发展意味着越发把其他人看作与自己平等的,而对女孩子来说,发展更像是把自己包括在一个不断扩展的人际联系网络中。在性别社会化的过程中,女性的自我更容易是关系自我,在关系中肯定自我的价值。由此她们的道德观念也是与关系中的自我与他人紧密联系的。在前两个阶段的转折中,女性一再经历对前一阶段的不稳定因素,如只关心自己与只关心他人。到第三个阶段,女性则通过对他人与自我的关系做出重新理解,对自我与他人的互相依赖有更深刻的理解,从而进入发展出关怀伦理学的最高阶段。而这一阶段中,女性并非对道德判断有一致的意见,而是她们开始区分自己的声音与他人的声音,协调伤害与关怀之间的差异,对两难处境做出抉择,并承担其导致的责任。吉利根举了一个已婚天主教徒对堕胎问题的看法,她认为,在她的处境下,自己的道德是有力的,若非如此,她就没有必要去流产,因而流产是一种自我牺牲。她自认有一点自私,但确实认为自己一直是正确的,没有隐瞒任何东西,相信流产是一个明智、诚实和现实的决定。吉利根以关怀伦理学的观点评价,女性在堕胎的抉择中注意到自己的需要有时被别人看成自私的,但从另一方面看,自己的需要不仅是诚实的,也是公正的,因为她既在决定过程中考虑了其他人,同时也没有忽略对自己的关怀。

二、吉利根道德理论的女性视角

吉利根认为,柯尔伯格以正义作为人类道德发展的标准,贬低了关怀的道德意识,是一种男性的偏见。吉利根将柯尔伯格的道德反省方式称为"正义伦理"(ethic of justice)模式,其强调的是普遍原则、正义、公平、权利和理性。女性特有的道德反省方式为"关怀伦理"(ethic of care)模式,其强调的是个别处境的特殊性、背景、责任、关怀和感性。吉利根认为,正义和关怀两者最大的差异在于不同的自我观念。"正义伦理"将自我视为独立与自主的个别存在,而"关怀伦理"则强调自我在人际情境中和他者不可分割的关联性与相互依存性。个体如何将某个问题看成道德问题,乃取决于其如何理解自我、他者以及其间的关系。柯尔伯格贬抑对特定他者的关怀与关注，认为她们在道德上不成熟；相反，对特定他者的关怀和关注正是女性道德生活和道德思想的核心。尽管吉利根在其后续的研究中指出她并不排斥正义的需要，"正义的声音"与"关怀的声音"是相互补充而非相互替代的，应把"关怀伦理"与"正义伦理"这两种道德方式整合起来。在西方传统中，对理性和感性进行了刻板的二元划分，即理性与男性相关联，而感性与女性相关联。但需要正视的是，独立自我和关系自我的二元划分，将理性归于男性，感性归于女性，其实跟男女性别二元划分一样是特定的历史背景的产物，还带有性别本质论的痕迹。

性别本质论出现于20世纪六七十年代，建立在生理性别的基础上。性别本质论认为染色体、荷尔蒙、脑容量等生理差异决定了性别差异，生理差异对于男、女个体具有压倒性的作用力。比如男性的雄性激素水平较高，则认为其主导性更强，甚至还推导出其更具领导力的结论。性别本质论强调生理差异的决定性作用，为性别差异、性别偏见甚至性别歧视提供了理论基础，并巩固了已有的"男强女弱""男主外女主内"的传统性别模式与性别分工。性别本质论的男女二元划分，抹杀了生理性别的多样性。根据现代生物学的研究，决定生理性别的不仅是肉眼可识别的外生殖器形态，还包括染色体性别在内的其他性别要素。根据当前的研究发现，在胚胎发育早期，细胞分裂不全或丢失，染色体的排列或至少呈现十种以上的不同形态,此外,某些隐性基因也参与着生理性别的形成。① 显然,从生理层面开始,人的性别就具有多元特征。随后的心理学研究也发现,个体只存在生育能力与身体构造的区别,其他许多心理变量上的性别差异并不显著,个体差异远远大于性别差异,并由此提出心理性别相似说。心理性别相似说的提出在承认生理差别的同时,进一步消解了生物性别本质说。②

性别作为生理的存在,由染色体和荷尔蒙决定,这一层面上的性别被视为生理性别(sex)。社会规范、社会制度与社会文化在生理性别的基础上,制定出属于某一性别群体特定的行为方式、性别特征和性别角色,这被称为社会性别(gender)。个体会根据自身的生理构成与现行社会文化,选择自己能够接受并愿意接受的性别意义。因此除男、女这一传统性别分类外,还存在着间性别群体、跨性别群体等性少数群体。社会性别理论明确指出,性别是生理意义、社会意义和个体意义之间交互建构的过程,因此也被称为性别建构理论。社会性别理论的提出深刻而详尽地分析了性别的社会塑造性,逐步发展出一系列研究领域、分析框架与现实行动,并成为联合国促进性别平等的全球战略与国际

---

① 林红:《人类学视野下的性别思考——以间性人的境况为例》,《厦门大学学报(哲学社会科学版)》2012年第3期。
② 沈政:《关于外源性同性性行为和性少数群体的发展观》,《科学通讯》2015年第33期。

共识的理论依据。该理论强调社会文化对性别角色、性别观念和性别文化的塑造，以及不同性别在政治、经济、社会文化中的作用与机会差异。它认为"男刚女柔""男主外女主内"的性别认知与性别角色定位并非生物差异决定的，而是社会文化造成的，某些性别的从属地位也是社会文化歧视的结果。

吉利根在她所处的时代中，能让女性的声音在铺天盖地的男性声音中被听到，是一件非常了不起的事情。她的关怀伦理与道德发展阶段理论为道德发展提供了一条新的思路。她将关怀引入道德，与柯尔伯格的公正理论一起组成了道德发展的至善阶段。而我们需要注意的是，在道德实践中，不要盲目刻板地照搬理论，认为男生就要培养公正道德而女生要培养关怀道德，而是把公正与关怀一视同仁地引入道德实践，让所有青少年在道德发展的过程中学会成为温暖且公正的人。

第四节　当前道德心理学研究的新动向

在道德发展阶段理论的基础上，目前道德心理学的领域关注的内容日益细微，从关注道德的整体发展进入关注道德何以出现的道德动机、道德过程中的道德情绪与道德行为、道德行为产生方式的道德决策，以及将道德心理学与自我心理学、人格心理学相整合的道德同一性的研究。

一、道德敏感性的概念与影响因素

（一）道德敏感性的概念

道德敏感性是 20 世纪 80 年代由美国明尼苏达大学伦理发展研究中心的莱斯特（J. Rest）等人提出，是新柯尔伯格道德心理学领域的重要概念。作为柯尔伯格的学生，莱斯特认为，道德行为的产生至少是由道德敏感性、道德判断、道德动机和道德品性四个心理成分所构成的。近四十年来，道德敏感性成为继道德判断和道德推理之后，道德心理学研究的新兴热点。国内外研究者围绕着它进行了广泛的研究，并达成了一些共识。如在概念理解上，大多数研究者认为，道德敏感性是指道德主体对个人、群体和社会中的道德环境、道德事件、道德价值等所蕴含的"道德元素"，能敏锐地直觉、感知、感悟、解释、移情，并能进行自我道德知觉，采取积极反应的道德品行的一种心理倾向。它表现出情境性、倾向性、直觉性、移情性等特征。"敏而不发""敏而后发""冷漠麻痹或麻木不仁"是它的三种表现类型。但对道德敏感性的性质和内容还存在着能力观和经验观等不同观点。该概念也常操作化地表现为道德觉察、道德意识、后果意识、确认道德问题等，它与伦理敏感性、道德直觉等相近概念有着不同程度的区别和联系。

（二）道德敏感性的影响因素

在道德敏感性的影响因素方面，目前的研究认为个体的角色卷入、已有的道德图式、人格特点以及社会环境对于道德敏感性的程度和表现方式有一定程度的影响。所谓角色卷入是指对一个道德事件的理解往往会因为个体的身份立场而完全不同。例如，在2019年12月"春蕾计划诈捐"这一公共事件中，有网友发现"春蕾计划"的受资助学生中，不只有女童，还有比例很高的男童，甚至有年龄超过18岁的成年男性。这引发了捐款人的极大不满。"春蕾计划"中超过80%的捐款人为女性。她们说，正是由于自己经历过性别不平等，看到过太多女孩子被剥夺教育和希望的故事，所以她们才从紧巴巴的生活费中省出一笔钱，通过捐一杯奶茶钱、捐一顿饭钱、捐一张电影票钱，让失学女童能重新回归学校。她们想捐助的是"妹妹"，这也是"春蕾计划"设定的初衷。由此，当"春蕾计划诈捐"曝光后，女性捐款人的关注程度、情感卷入程度和行为反应程度是远高于其他群体的。同样，社会群体对这一公共事件的评价，也与把自己放在旁观者还是亲历者的位置有着莫大的关系。

而道德图式则是指个体已有的道德观念与道德知识结构。比如同样针对"春蕾计划诈捐"这个事件，一名大二的学生写下了他的反思："……不应该就默认男性只会帮助男童，女性只会帮助女童，但深思熟虑后，我或许能体会女性面对这件事时，内心巨大的悲愤与痛苦。这么说话即使很伤害帮助女童的男性的心，但确实是很有根据的指责。这片土地上确实还有很多地方对女性太不友善了。我一直在反思,作为一个男性,我是否已经摆脱这片土地上的传统所带来的桎梏。并不是每一个男性天生就是迫害者,或是想要当迫害者……男性也可以帮助女童,也会为男女平等的公道出力……"在他的反思中,我们可以看到他的道德图式中的道德观念和道德知识结构的更新。虽然道德图式带有个体成长的痕迹,具有一定程度的坚固性,但它仍然具有弹性与改变的可能,从而提高个体在不同领域的道德敏感性。

人格作为个体基本和稳定的心理结构,对道德判断乃至道德行为的影响是显而易见的。但就其对以直觉和情绪为主要成分的道德敏感性的影响过程来说,则要复杂得多。这与道德图式其实有类似的地方。人格特点具有相对稳定性,但人格特点又具有可改变性。即使在现有的人格特点作用下,由于青少年的人格特质不同,在面对非道德事件时,所表现的道德敏感性也不同,关注角度不同,关注程度不同。而当这种个体差异出现在某一个群体中,如班级、学校小组,在有经验的教师的合理引导下,反而能从不同的角度帮助大家理解道德的完整性。

社会环境对道德敏感性是有影响的。当今社会不时会有好人难做、好事难为、英雄流血又流泪的现象发生。美国沃顿商学院的管理学教授亚当·格兰特(Adam Grant)提出,美国社会出现"善良弱化"的趋势。有一份心理学研究显示,从 1979 年到 2009 年,美国大学生对于不幸的人,或者被不公平对待的人,感受到的担忧或者困扰是不断减弱的。研究人员认为，在这30年间，美国青少年的同理心和站在别人的角度想问题的能力大幅度下跌。他认为这跟家长关注孩子的方式有很大关系。这些青少年的家长更多地关注孩子的学业成绩和他们是否快乐，而不太关注他们是否帮助了别人。更多的家长不认为善良与道德心是与学业成绩和自身快乐一样重要的事情。美国已经出现的"善良弱化"的趋势在目前的中国也开始抬头，而家庭、学校和社会对道德敏感性起着重要的作用。

（三）提升道德敏感性的途径

根据国内研究，由于道德敏感性发展阶段规律诠释的差异，道德敏感性测量及其方法在新的时代环境和成长背景下，使得青少年对情景与情境的道德感悟力、对情境中的道德察觉与道德动机等，都与其父辈具有显著的差异。国内的研究者在采用《中学生道德敏感性问卷》对中学生道德敏感性特点进行研究时发现，中学生道德敏感性总体发展水平较高，各因素具有相对的平衡性。中学生道德敏感性总分的年级主效应显著，性别与是否独生子女的交互作用亦显著：随着年级的增长，道德敏感性总分逐渐下降；独生男的道德敏感性低于非独生男的道德敏感性，而独生女的道德敏感性高于非独生女的道德敏感性。中学生在责任敏感性、规范敏感性、情绪敏感性和人际敏感性上存在显著的年级差异：年级越高，道德敏感性各维度的得分越低。① 在理论层面上，学者有针对性地提出，应提高大学生的心性敏感性、情感敏感性、认知敏感性；在实证层面上则提出，发挥家庭在提升大学生道德敏感性中的第一场域作用，发挥学校在提升大学生道德敏感性中的主阵地作用，发挥社会在提升大学生道德敏感性中的熔炉作用，发挥个人在提升大学生道德敏感性中的归属作用。无论是理论研究还是实证分析，其共同的目的都是进一步提升青少年道德主体的道德敏感性，促进个体的道德自律素养。

二、道德动机动态系统理论简介

道德动机动态系统理论是美国心理学家卡普兰（Kaplan）于2014年提出的一套全新的道德发展理论。他在动态系统理论和动机的自我决定理论的理论视角和研究方法之上，整合了道德认知、道德情绪、道德行为，由此提出了广义的道德动机概念，即道德动机动态系统理论，以实现对道德现象全面而周详的分析。

（一）道德动机动态系统理论概述

道德动机动态系统理论的基本观点如下：首先，道德动机是多元复杂的动态系统。基于动机的复杂性，多种道德动机的不同

---

① 郭本禹、杜飞月：《中学生道德敏感性的测评与特点研究》，《中小学德育》2013年第12期。

组成形成了道德判断与道德行为。亲社会行为、自私行为和社会责任感一起形成了道德动机,且还会受时间和情景的影响而发生变化。任何动机都具有情景适应性和情景敏感性,脱离情景和真实生活的道德动机不可能存在。其次,道德动机动态系统的发展依赖自我调节。自我调节是个体主体性的表现,是自我的功能性表现。自我调节包括有意调节和无意调节,它们共同作用于道德动机。最后,动机结构间的关系影响着道德动机动态系统的功能。由于道德动机的情景依存性,动机之间会对道德动机产生不同程度的作用。

在此基础上,道德发展被描述为通过行为吸引子形态的转化,而表现为稳定或不稳定的发展轨迹。一种道德动机内部可能存在多个不同类型的吸引子。由此,这一认识下的道德发展情景不再被视为静态变量,而是参与到个体道德发展中的动态变量。道德情景的动态性包括道德困境中的特征和他人的道德动机。因此丰富而多样的道德情景有助于将青少年从自我中心中释放出来,从"我即宇宙"到"宇宙即宇宙",转变对于促进青少年的道德发展具有积极作用。

有研究者根据该理论对中学生的道德动机进行研究,发现如下特点:中学生道德动机过程中的阶段结构是多元化的,其运行具有内部差异性;阶段结构之间具有发展性顺序和异质性;多元阶段结构的运行中存在与判断选择相关的差异性;道德判断过程中同时存在多种道德情绪;情绪觉知与多元道德判断正向关联;

道德动机过程中存在性别差异和年级差异。① 由此可见，中学生道德动机是认知成分和情绪成分自我组织和自我调节的动态发展过程，道德判断和道德行为在此过程中发生。

（二）道德决策一定程度上弥补道德动机动态系统理论的不足

道德动机动态系统理论还存在着一些尚需商榷的地方，如该理论提及了道德判断和道德情绪的多元特征和内部差异，但是仍未阐明两者之间是如何相互作用的。通过观察生活，可以感受到道德情感是知行统一的中介。在道德教育中，只有积极培育受教育者的道德情感，才能顺利实现真理性价值观内化于心、外化于行，深刻理解道德主体的行为动机和目的，强化对人的自我尊严和崇高价值的认同。但在这方面仍旧缺乏理论的指导和带有规律性的引导机制。再如，道德动机动态系统理论认为，道德动机具有情境敏感性，但是没有充分说明情境或环境因素与道德动机动态发展的关系。关于这一点，关系作用下的道德决策进行了部分解答。

道德决策是指在特定的道德情境中，当面对多种可能的行为途径时，个体基于自己的道德价值结构，对这些可能的行为途径赋予道德价值，并做出最后的选择与决断。规则导向和结果导向

---

① 吴霞：《中学生道德动机特点分析》，南京师范大学硕士学位论文，2018年，第6页。

是人们在道德决策时普遍采用的两种决策思维方式。人际关系是影响特定情境中人们采用不同决策思维方式的一个重要因素。青少年正处在道德观念形成的关键时期,人际关系对青少年的道德决策影响如何值得关注。目前存在道德发展阶段理论和道德人际关系规则理论之争。道德发展阶段理论认为,人际关系对个体道德决策的影响发生在特定的年龄阶段,道德决策不受决策视角的影响,具有情境的普遍性。道德决策的过程是一个审慎的认知推理过程。道德人际关系规则理论认为,个体的道德决策主要取决于特定情境中人际关系的结构及其相应的道德动机,不具有年龄阶段的特定性,但受到个体道德决策视角变化的影响,具有情境的特异性而非普遍性。围绕人际关系对道德决策的影响,仍然有三个问题需要进一步研究:第一,人际关系对青少年道德决策的影响是否存在个体决策视角上的差异?第二,人际关系对青少年道德决策的影响是否具有跨情境的一致性?第三,道德决策情境中人际关系信息的加工是发生在决策信息加工的早期还是晚期阶段?有研究者通过实证研究发现,从小学五年级到大学二年级,随着年级增高,青少年与父母的关系逐渐疏远,与好朋友变得更加亲近,与普通朋友的关系波动较大,转折点在初二年级。在年级阶段特征上,人际关系的远近对小学五年级被试的道德决策思维方式没有产生影响,对初二年级被试的道德决策思维方式产生影响,对高二和大学二年级被试的道德决策思维方式产生显著影响。在决策视角与情境特征上,在"局内人"视角下,青少年道德决策思维方式的转折点在小学五年级与初二之间,高二到大学二年级之间是规则导向道德决策思维方式发展的加速期,这一特征具有情境普遍性;在"旁观者"视角下,道德决策思维方式的两个转折点分别在初中二年级与高二、高二与大学二年级之间,但两个转折点具有情境特异性,初二年级受情境因素的影响较大。人际关系的远近对个体道德思维方式的作用不受情境反应方式的影响,但存在亲人偏见效应;人际关系的远近影响了个体道德决策的速度,相对于陌生人而言,受害者为亲人的情况下个体决策的过程更长,情境中人际关系信息的加工主要发生在道德决策信息加工的晚期阶段。[①] 该研究从一定层面上揭示了情景与道德动机的关系,以及相应道德发展的关键期。但目前对于道德动机中的微观情景、突发情景和生活情景的重视程度还不够。青少年的道德发展是与他们日复一日的生活情景,每一件小事中的微观情景和生活中的意外,以及突发事件等情景联系在一起的,这些才构成了他们生活的真相,也是引发其道德发展的事实。

三、道德同一性:对道德心理学的整合

不论是对道德敏感性的关注,还是道德动机动态系统理论,都无法对道德心理学的不同领域、不同方面进行整合。在这一背

---

① 封周奇:《人际关系对道德决策影响的发展研究》,天津师范大学博士学位论文,2015年,第7页。

景下,有研究提出了道德同一性模型。该模型将同一性概念纳入道德心理学的研究,将同一性视为道德动机的重要来源。道德同一性跟自我联系密切,体现了道德的多维度与复杂性,难以给予操作性定义。道德同一性是道德与自我的整合,反映出道德与自我间的统一,充分体现了道德的复杂性和道德与自我发展、自我完善之间的互动关系。个体可以将不同的品质与特征置于同一性的中心位置,而将道德品质视为同一性中心的个体,较将其他品质视为同一性中心的个体具有更好的道德同一性发展水平。

布拉瑟(Blasi)提出将道德同一性作为解释道德机制的关键概念,可以在一定程度上补上柯尔伯格道德发展理论中关于道德判断和道德行为之间关系的缺失。柯尔伯格的理论中,将道德动机从属于道德认知的发展,他认为道德行为是理性推理能力发展的结果,随着个体道德推理能力的发展成熟,个体更倾向于在道德情境中使用道德原则做出道德判断。由此发展出新的道德发展水平,促发新的道德行为,在行为的冲突与选择中,个体建构与发展出高一级的道德判断水平。但是,观念和行为之间的不统一在日常生活中随处可见,在个体身上也同时存在。真实状况往往是道德中的知行统一少之又少。

布拉瑟认为,道德同一性包括三个成分:道德自我、责任裁决和自我一致性或整合性。第一,道德自我指的是道德价值在个体自我同一性中的重要性和地位。对于某些人来说,道德方面的考虑在他们的日常生活中似乎是随处可见的,原因在于在他们的自我中,道德感已被深深植入。布拉瑟等人曾请参与者回忆并讨论发生在他们生活中的一个道德困境,发现有些人能马上回忆起当天发生的某件事情,而有些人则需要追溯到几十年前,才能勉强提取出相关的道德情境,这表明不同个体对道德的觉知程度不一样。另外,对一群表现出高水平亲社会行为的青少年进行研究发现,与对照组相比,这群青少年的自我归因中更多地涉及道德特质和道德目标,其自我描述中也更多地体现出理想自我的特点。这些证据表明了道德自我概念在道德机能中的重要性。第二,责任裁决指的是个人在道德行为中的责任感,即在引导道德行为之前,道德判断必须通过责任裁决,个人有责任判断某种行为是否道德,这个过程可理解为道德投入。个体在道德情境中,不仅要判断权益和道德,而且需要在判断中评价自己是否对行为负责。责任裁决的判断标准经常来源于个体的自我结构,即道德自我。第三,他认为,自我一致性是自然人性中人和自我保持一致的趋向。因此,道德动机的三大来源是道德推理、道德情绪和道德同一性。

道德心理学理论试图从不同角度提出假设,以解释是什么驱动了道德行为。当一个人的自我集中于道德价值时,这种一致性被看作道德行为的关键力量。否则,自我一致性很可能就成了歪曲的合理化或者防卫机制的来源。基于道德自我,通过自我一致性的推动行为,并经过责任心的过滤,道德判断更有可能预测道德行为。实证研究发现,道德同一性是道德行为的有效动力机制,道德行为对道德同一性具有反向作用。道德认同与道德行为的关系是道德实践中的重要关系。实证研究显示,两者在实践中存在双向作用关系,在不同条件下影响方向不同:当道德认同较为清晰且明确时,其道德行为会产生由内而外的主导性影响;而道德认同较为不稳定时,道德行为对道德认同由外而内的影响便成为可能,只是这一过程实现得并不容易,但也不容忽视。虽然这两种影响路径性质完全不同,影响力也不对等,但都是提升大学生道德素质的重要路径,因此在道德建设的实践中,对于大学生道德素质的培养需要从深化道德认同与培养道德行为两方面着手,注重大学生的道德认同与道德行为的均衡发展。在实证研究的基础之上,研究提出,一方面应通过提高道德自我一致性水平,强化学生的道德责任意识,注重道德教育与专业课教育的融合,以深化道德认同;另一方面高校德育工作者也应以马克思主义实践观为指导,在大学生道德认同不够稳定且方向不够正确时,通过促进大学生对公开道德行为的选择,提供道德实践机会,加深道德行为的卷入度,并配合适当的外部奖惩,以引发道德主体自身的认知失调,从而提高道德行为逆向影响,以及道德认同的形成和转变的可能性。[1]

道德同一性理论试图将道德情感、道德判断、道德认知和道德动机整合在道德自我或道德人格之中。这也是道德教育的初

---

[1] 王丽茹:《大学生道德认同与道德行为的双向关系研究》,成都理工大学硕士学位论文,2016年,第9页。

衷和根本目的,即培养青少年的道德人格。遗憾的是,成人社会越来越难以理解青少年的文化生活。如果学校教育继续使用传统的价值观和教育方式对待青少年,那么我们的学校教育,尤其是德育,就会在一定程度上沦为成年人的独角戏,既很难引发青少年的主动参与,更难以引起他们的兴趣与共鸣。①

---

① 班建武:《符号消费与青少年身份认同》,教育科学出版社2010年版,第1页。

第七章

学校文化引导青少年道德发展的思路与途径

不论是教育行政部门,还是学校的教师,对学校道德教育一直非常重视,投入了大量的人力、物力和财力。但现状却是青少年的道德问题层出不穷,与教育者的付出和投入不成比例。其中一个重要的原因可能是教育者对青少年群体乃至对道德发展的认识还需要进一步深入。

学校作为引导青少年道德发展的重要场所,其目的就是要使青少年有道德,有符合发展水平的道德。但道德的出现与发展的关键在于它满足了人的生存、生活甚至发展需求,它是人性的重要组成部分,是个体自我发展与完善的重要组成部分。基于这一事实,学校的道德教育不能脱离青少年的真实生活、现实发展与成长需求。

学校的道德教育活动中存在一个倾向性或观念性的问题,即教育者往往专注于"满足别人的道德",而忽略满足自己的需求。这一教育倾向对道德的理解存在着明显的偏颇。对于道德如何满足自己的需求也少有提及。在此观念的作用下,一些教育者会将道德与"付出""奉献""牺牲"相联系,甚至将道德等同于"付出""奉献""牺牲"。这在一定程度上约束或束缚了青少年,因此他们容易对这样的道德产生消极情绪。① 与此同时,教育者还会将某些空洞的奖励、严厉的惩罚与倡导"付出、奉献与牺牲"的道德相配合,更凸显了目前学校道德教育中的假大空。这样的道德教育割裂了道德权利与道德义务的关系。只享受权利而不承担义务,与只承担义务不享受权利一样,都不具有可持续性。不仅违背了公正这一基本的道德原则,也不符合人的本性。任何背离、扭曲、操纵人性的教育都不可能成功,只会人为地制造出道德中的主体分裂。

道德教育要在正视青少年的个体利益的前提下,将个体利益融入整体利益之中。青少年的道德发展不完全是线性发展、逐步攀升的,而是存在正义和关怀的双重作用,且在不同领域、不同情景中的表现各不一样。道德教育不仅要关注青少年道德发展的阶段,也要关注道德问题的横向拓展。不管是个体领域还是社会领域,不管是物质领域还是精神领域,道德的情感反映和行为表现都需要予以关注。

道德教育的本质是激发青少年的道德主体性,通过对自我德性的不断追问,而推动其道德人格的逐渐生成与发展。有学者敏

---

① 陆有铨:《"道德"是道德教育有效性的依据》,《中国德育》2008 年第 10 期。

感地抓住了当前学校道德教育的问题,提出了很好的教育理念,但是道德引导的落实才是难中之难、重中之重。如何达成道德教育的本质,与其从外部遍寻答案,不如把目光聚焦到青少年自身。作为道德实践主体的青少年,他们的自创文化符号、自创文化游戏就在一次又一次地提醒我们、指点我们,含蓄地告诉我们,他们能创造出什么,能创造到什么程度,他们发展出了什么,他们的需求是什么,他们具有什么样的发展潜能,如何实现自我完善的需求,他们的道德人格在怎么样的形成过程之中,等等。

第一节 青少年自创角色扮演游戏的引导

角色扮演游戏,对于某个年龄段的孩子是最典型、最能促使其主体性发展的游戏,也是自我投入和自创符号表现最为丰富的游戏。教师需要有意识地支持和引导孩子的自创角色游戏,促进青少年主体性的感知、发挥以及身心健康发展。

传统的学校活动容易忽略青少年的生活兴趣和愿望,容易出现主题雷同的现象和活动主题更换的两极化。具体而言,一是根据不同班级学生的表现和最新出现的状况设置活动;二是按部就班地根据已有主题来,基本不变。不论是变还是不变,这在一定程度上都是在外围观察青少年,而没有走进他们的内心。而在活动过程中,教师也很难体察到青少年的情绪和认知的状况,使得有些活动缺少生机与参与度。青少年自创的角色扮演游戏就是主体性的展现,教师需要对此有敏锐的观察和细致的判断,不管是自创角色和自创符号都是其成长需要和主体性的表现。而帮助他们实现自我潜能与催生出道德人格的发展,才是我们的最终目的。

根据第三、四章的分析,青少年的自创角色扮演游戏的角色资源存在一定的单一性。比如,在以性别为核心的角色游戏中,多表现为性别等级化、性别冲突与性别对立。即使存在一些性别合作游戏,也是在强调性别差异的基础上进行合作。这在一定程度上可能强化某些刻板的性别定式。因此面对类似的自创性别游戏,可以进一步上升到人和人的高度,以及人和人的差异与尊重。这样有助于青少年摆脱某些性别束缚,成为能够自由选择与自主选择的主体。

在青少年自创角色扮演游戏中,老师在什么时机介入也非常重要。如果稍微有一些偏差或问题出现,教师就匆匆介入,过多干预,就会导致青少年把某些公开的角色扮演游戏转入地下,更难以把握游戏的性质与发展的程度。发展心理学认为,危机是危险,也是机会,问题中往往蕴含了发展的动力,而教师要因势利导,将动力引向积极健康的方向。从这个角度来说,教师不需要"快"而是需要"慢",慢下来观察、倾听、记录青少年的角色扮演游戏的发展过程,认真地判断之后择机介入,帮助青少年实现"我游戏,我成长",把他们的角色扮演游戏转化为道德发展和自我发展的资源。

游戏分享环节将自发游戏转化为自觉成长。游戏分享环节对于有组织的自创游戏非常重要。这一过程需要引导青少年反思游戏的兴趣和需要从何而来,这种反思可以是单独的,也可以是公开的,教师在进行价值判断后做出顺应或支持的决策,以鼓励青少年继续现在的游戏或是发展出新的游戏。在游戏结束后,则应开展分享与交流,在游戏中体会到了什么,解决了什么问题,如何进行自我评价,如何做到与同伴的有效互动,如何尽情参与和表达自己的观点,如何推动游戏的深入发展。真正发挥自创游戏的作用,使青少年在游戏中自主选择、自主决策、自主创造和自觉合作。

在分享环节中教师要相信青少年的能力,青少年不仅是自创角色游戏的主人,也是他们自己的主人。教师要欣赏青少年的主动性,而不是用成人的思维和能力去代替青少年。教师介入青少年的自创游戏的原则是减少干预、适时支持,在必要的时候给予助推。比如有幼儿园在观察幼儿自创游戏的时候,总结出"问题引导式""牵线助推式""玩伴合作式""物质技能支持式"四种教师有效支持幼儿自创游戏的策略。[①] 相比起低幼阶段,青少年阶段的自创角色扮演游戏形式更丰富,意义更复杂,需要教师的支持策略也会变得更多样、更具体。从游戏的作用和意义来说,它贯穿我们的生命始终,我们终身都能从中获取营养。但是目前针对

---

① 张华:《"自创"角色游戏与幼儿主体性培养的实践探索》,《现代教育》2017年第6期。

青少年自创角色扮演游戏的研究还不多。游戏仿佛是婴幼儿的专利,却在青少年成长中被误读或缺位。这不得不说是令人遗憾的。

第二节 教育戏剧:开发心理潜能发展的路径

"教育戏剧"一词①直译于英国的 DIE(Drama in Education),指学校课堂教学中所采用的戏剧方法。除此以外,英国还有一种教育活动 TIE(Theatre in Education),一般被译为"教育剧场"。教育剧场是指通过相对完整的戏剧演出实现教育目的的教育活动。它强调剧场性,即表演者们常会中断演出,就故事情节中的一些社会、道德乃至政治问题向台下观众提问,并激发讨论,甚至会邀请观众上台即兴扮演戏剧中的某个人物,探索情节发展的各种可能性,并引发更深层次的思考。

目前,中国将教育戏剧和教育剧场的概念合并,统称为教育戏剧。比较普遍意义上对教育戏剧的认识是:"教育戏剧是一种区别于舞台演出的、以过程为主的、即兴表演的戏剧形式。参与者在指导人的引导下,运用想象、调动自己的经验在戏剧实作中开拓、发展、表达、交流彼此的理念与感觉,达到开启智力、增加知

---

① 李婴宁:《关于教育戏剧》,载孙惠柱、汤逸佩主编:《边缘的消失:第四届上海国际小剧场戏剧展演论坛》,广西师范大学出版社 2008 年版。

识、活跃身心的目的。"①而该戏剧类型之所以能以"教育"为名头,是由于它符合三个标准:首先,它是在有意识、有目的地传递经验。有意识、有目的是教育活动的基础。其次,教育过程中传递的是"善"的经验。教育的目的之一就是"是人作善",善的理念是教育经验的核心。它既包括道德上的良善,也包括人性上的完善。最后,教育要采取青少年可接受、愿意接受的方式进行。不能一味地对青少年采用洗脑、灌输和建立单纯条件反射的方式,要尊重青少年的独立人格和自由意志。

教育戏剧可以在形式上脱离传统的班级授课,通过想象与角色扮演的方式,将个体的情感、行为与意识凝聚在某一个情节之中。教育戏剧中蕴含着独特的、可开发潜能的心理活动,包括心理距离、审美、仿似等心理现象。这类心理活动带有游戏色彩,而且可以拉开心理距离,所以能够调动参与者全神贯注地投入,在打开心扉的同时愉快地创造,在创造过程中交流、感悟和学习,因此有利于营造具身学习的文化生态情境,促使学生在积极的学习中开发心理潜能。而且,教育戏剧接近生态的特殊情境,可以开发为心理发展研究的一条途径。

教育戏剧的四个核心概念:(1)区分虚构与现实;(2)审美注意和参照注意;(3)辅助意识;(4)自然理解。教育戏剧是艺术的一种形式,始于儿童自发的创造。我们可以将青少年的游戏与幻

---

① 李婴宁:《"教育性戏剧"在中国》,《艺术评论》2013年第9期。

想带入课堂,鼓励青少年即兴地表达自我。教育戏剧活动能够激发人类特有心理潜能,青少年的自创文化符号与自创文化游戏在此与教育戏剧相通。青少年自发的幻想与自创的符号无论多么愉快、美好、纯真,它总是对现实的还原、弥补和拓展。而在教育戏剧中,我们可以借助青少年的幻想让戏剧更加带有他们自身的生活痕迹,使之更加深入、有趣。在设计教学环境时,幻想具有认知和情感上的优势。幻想的使用具有认知优势,幻想中的象征和比喻能帮助青少年理解新知识,并连接旧知识。幻想为所学内容制造相关联的生动图景,有助于增强记忆。借助幻想,青少年基于过往的事实形成自我。在游戏的似与不似之间,体会现实与虚拟在个体身上的同时存在。

除此以外,教育戏剧还有保护和诗化的重要功能。保护和诗化的功能均来自与现实的距离感。这一点与青少年的自创文化符号又一次实现对接。符号也是对现实的再现与反思,它既来源于现实,又不等同于现实。在此过程中,适当的心理距离有助于青少年自由而自然地表达想法,自在而自主地进行肢体表演。相应的,自我保护性的封闭或退缩的表现就会减少。青少年在自创符号和教育戏剧中不会担心表现是否恰当,是不是真实的自我。它既是自我的展现,又带有表演的痕迹,既有事实的基础,又有想象的成分。这种独特的心理状态,营造了自我与自我潜能、现实与虚拟交织的氛围。它往往能在模糊和不确定中唤起青少年心中朦朦胧胧的理想自我,由此构成自我潜能发展的催化剂。

而审美注意和参照注意则分别是指通过符号化的对象和动作来感受戏剧，表现为对戏剧的关注，以及由戏剧中的情节引发对现实生活的联想。这两类注意方式都能让青少年感受到戏剧的意义，并经由辅助意识和无意识学习在教育戏剧中学习。青少年通过教育戏剧的学习完成组织重构的过程。通过角色扮演让自我暂时分离，处于悬置的状态中。这种学习和常规的班级学习不同，没有明确目的的反复练习，而是自然而然的获得，因此被称为自然学习。自然学习是在极具特点的互动关系中感受并学习到的，青少年能体验到生活本身的丰富性与复杂性。教育戏剧可以营造这种氛围，并将青少年的自创文化符号予以再加工与再提炼，青少年在知、情、意、行方面都能得到系统的练习。而由于这属于人类特有的高级心理机能和个体的主体性的内容，再加上具有整体性、综合性和完整性的特质，不能简单地被划分到某个类别中去，因此目前心理学对此的研究非常有限。

在游戏与艺术中，容易出现一种独特的心理现象，有心理学家将其称为仿似，即在模仿他人的同时也展现着自己。鲍德温（Baldwin）发现，仿似对个体的发展起着机制性的作用。而教育戏剧与自创文化符号游戏再一次实现着融合，共同体现出仿似的特征。青少年在自创文化符号的游戏中自编自演、自娱自乐。而他们在投入戏剧表演时，把角色和自己既联系又区别，既把自己投射到角色中去，也将角色的特点反馈给自己。一连串仿似的过程，既超越了模仿本身，也超越了现有发展水平。青少年开始从自己的言行中走出来,用戏剧中角色的方式来思考、表达与行动,但同时又带着自己已有的痕迹。随着自我与角色的不断互动,多视野、多角度、多焦点的思考方式出现。在这一过程中,青少年突破自我中心,进行角色采择,学会整合观点与换位思考,并且产生充满人情味的同理心。这是青少年高级心理活动的发展与运用,也是自我潜能与良善自我的体现。

第三节 学校:青少年参与仪式的重要场域

仪式是指某种秩序形式,一般以典礼的形式出现。仪式有以下一些形式,比如个体生命中的过渡仪式,包括小孩的百日宴、抓周仪式、成人礼以及红白喜事等,这些仪式宣告,通过这些方式,个体将进入生命历程中的新阶段;机构化的仪式,包括竞选仪式、就职仪式、离职仪式等,这些仪式是与机构相伴相生的,反映了个人与机构的关系;季节性仪式,包括特定的节日,如春节、端午、国庆等,这些节日与历法和四季相联系,是时间与文化的共同反映;强化性的仪式,包括亲朋好友聚会、纪念日约会等,这些仪式有助于强化人与人之间的联系,有助于信息与情感交流。除了这些显性的仪式以外,生活中还包括大量隐性的仪式,如日常问候、礼尚往来、生活起居等。仪式融入我们的生活,构成了我们的生活方式,甚至在一定程度上构成了我们。

仪式具有如下功能:实现个体的社会化、维护现有秩序、实现群体团结与凝聚等。对于青少年来说,学校就是集中了以上功能的仪式性的场所。进入学校之后,青少年的大部分有效时间都在学校里度过,他们的整个生活几乎都跟学校生活紧密相连。在学校这个仪式性场所中,青少年通过各种正式、非正式的活动,在组织结构与仪式的关系感知中实现等级的划分。这些仪式活动包括每周一的升旗仪式、班会活动、春秋游、家长会、运动会、汇报演出以及毕业典礼等。这些正式活动组成了青少年从进入学校到离开学校的整个校园生活。而青少年的亚群体也是在游戏仪式中发展完成,通过特定的游戏、性别等分类方式完成对青少年亚群体间和亚群体内的"吸纳"与"排斥"的模式。在一定的文化符号游戏中,青少年形成同伴关系,考验彼此的友谊,对新成员实行不同程度的开放。

举一个具有典型性的青少年亚文化中仪式化的例子。高三最后的冲刺阶段,某班级出现了两个隐秘的亚群体,第一个群体是"黄色笑话群体",另外一个是恐怖故事群体。要进入第一个群体,必须通过三关的考验,每一个关口都是由群体成员给申请加入的成员讲两个黄色笑话,如果能听懂,则进入下一关,直至成为该群体的一员。该群体经常在课间休息时间考核申请者,并进行相关的笑话资源分享。而恐怖故事群体主要由住校学生参与,他们会在晚上或周末的特定时间,上天台分享恐怖故事。在分享的过程中,每个人会手持蜡烛,身披白床单(学校统一的床单被褥),在氛围的烘托下,更能进入恐怖故事的状态。这两个亚群体在高考之前一直在班级里存在，高考结束后则自动解散。作为他们的同学与旁观者的我，在进入大学后，开始接受教育与发展心理学的专业训练。多年之后，重新审视这两个青少年的亚群体，感受跟当年全然不同。无论对哪个时代的青少年，高考都是极大的压力，甚至在今天，我自己和周围的朋友仍然会在压力大的时候，梦到重回高考考场的情景。而在高考的重压之下，青少年由于缺少其他的缓解方式，于是自发地用禁忌的性与刺激的恐惧，来抵制繁重的学习任务与学习压力。这是在用极端的本能感受来对抗高考压力，用身体和神经的另一种紧张来对抗高考的紧张。身体急剧变化的压力和高考的极端压力同时出现在这个年龄阶段。他们自身找不到其他的解决方式，也缺乏更为积极有效的干预，因此出现了这种紧张对紧张，极致对极致的状态，并在高考结束后自然而然地消失。同时，我也在假想，如果当时教师、家长知道并介入会是什么样的情景，会认为他们变坏了并带坏了别人吗？会劈头盖脸地指责学生道德品质恶劣吗？会伤心失望，觉得他们已经无可救药了吗？那又会对他们的高考，他们的人生带来什么样的暴风骤雨呢？有意思的是，当时没有任何老师和家长发现这些事，青少年以自己有限而又隐秘的方式发起并终止了这场对抗。

若干年后的现在，很多参与的学生也许都忘记了当年的这一幕，但作为旁观者的我却要在这一章写出来。我们对于青少年在学校的非正式仪式以及在仪式中创造出来的文化符号知之甚少，有时候，这种知之甚少反而让他们颤颤巍巍地走过了成长的危机。而如果他们是一知半解的或是断章取义的，那又会是什么样的局面？在学校现有的教育和规范中，除了知识学习以外，想象力一直存在，它自发地参与到青少年的学习生活中，并发挥着重要的作用，是他们懵懂成长的资源与扶持，而学校教育，甚至包括一部分家庭教育，一直对其缺乏系统的引导与主动的参与。在青少年的自我发展和一生发展中，文化符号与想象力起着至关重要的作用。青少年身体发育的过程伴随着全方位感知能力的成熟与发展，急需积极文化符号的引导与拓展。而遗憾的是，学校教育对此并不太重视，让很多青少年像我们那一代一样，在懵懂与被动中摸爬滚打。这意味着视觉化教育和认知-感性教育的缺失，与之相关的情感教育也缺乏相应的关注。

文化符号、想象以及符号世界对于青少年成长的重要性可见一斑。在此过程中，符号的作用机制是以"世界转换为符号"和"内化为自己的符号"来实现的。如果可以将青少年的成长视作符号活动，那么它是个体与外部世界以及自我世界不停互动的过程和结果。青少年根据自己的生活体验、文化感受和自创文化符号进行自我建构，并形成自我。在感性、情感、语言和思维能力的发展过程中，感知觉的形成具有基础性的意义。青少年与儿童建立起感知觉探索，感知觉的体验有助于审美与社会认知敏感性的发展。知觉的敏感性可以培养，它需要结构化的教育加以重视。知觉灵敏性与情感之间的密切关系说明了基于感知觉的学习对青少年的情感开发和交流能力非常重要。对于青少年来说，文化符号，尤其是图像比语言（具有社会性的语言）能更清晰且强烈地表达其情感。与文化符号进行创造性的互动，以及对它们的体验，有助于情感教育的出现。

青少年参与仪式的重要场域，在知识教育的同时也旨在培养青少年自我完善的价值取向。为了实现这一目标，教师需要了解青少年在仪式活动中自创文化符号的来龙去脉，以及青少年文化符号运作的方式与机制。这使得我们既能敏感地觉察青少年借文化符号希望传达出来的信息，也能因势利导，将相关信息变为引导青少年发展的动力。

各年级青少年处于不同的成长阶段，有的适宜在依赖中发展，有的适宜在结伴中发展，有的适宜在摸爬滚打中发展，有的适宜在援助别人中发展，有的适宜在开拓视野中发展。发展潜势差异的存在适宜形成群体之间的特定关系——合作、交流、帮助—依赖、策划—参与的关系。这些都是青少年文化符号产生、演化及其作用的过程、方式与结果。从青少年个体的经验看，进入较高年级，学生的关系网络扩大，活动的物理、心理空间产生新的开放。同时，青少年的定位角度也随之变化，自我的身份感拓展。

青少年群体和青少年自身通过自创文化符号形成自身的能量流。对于学校来说，青少年的自创文化符号是生成学校文化能量流的创造源，同时也在提醒学校现有育人方式存在某种局限性。不同的自创文化符号在创造方式、情感体验与表达方式等方面存在类型与程度的差异。低幼阶段的青少年想象力与模仿力较强,他们的自创文化符号带有相应的痕迹;高年级的青少年知识增加,他们会使用已有的知识系统符号来表征未知或朦胧的领域。随着身体的发育,青少年体验的敏感性增加,情感与理性容易出现剧烈地激荡,同时视野日益开阔,对流行文化兴趣浓厚,对美和个性化追求强烈。这些需求与发展态势都会成为自创文化符号出现的动力,从而让青少年的生活变得丰富多彩又充满秘密,让学校生活生机勃勃又暗藏玄机。

因此,我们既要引导青少年借自创文化符号表达自己的情感、思想与能力,让不同的文化符号相互参照、印证处于相似发展阶段青少年的成长轨迹,也要帮助青少年的自创文化符号以促进发展为基本,力排某些过度表现的文化符号带来的危害。对此,学校要明确自创文化符号可能促进发展,但发展的基石是以青少年健康积极的成长为导向的,不能脱离轨道地揠苗助长,也不能一味地另类搞怪,而是帮助青少年形成和谐完整的人格。当然,成长的潜能和动力会以不同的方式展现,自创文化符号就会自然而然地以相匹配的方式呈现,它们可能是阳光的、文明的、充满快乐的,也可能是阴暗的、焦躁的、野蛮的、禁忌的、具有攻击性的。甚至在某些特定的发展时期和发展阶段,所谓的负能量的内容更多、更复杂。但负能量也是能量,它可以和正能量相互转化,同时不同类型的自创文化符号也可以实现相互转化。潜能若得不到抒发和提升性表达,就有被压抑和负向转化的可能。所有负能量的自创文化符号都有其滋生的土壤,比如在过分控制的成长环境中,青少年就容易出现攻击性的表现;在单调而压力大的环境中,青少年就容易发展出违规与禁忌的尝试。因此提供什么样的土壤,是学校需要认真规划的,这也是我们日常生活中常常说的校园文化或者校风。而根据已有研究,青少年在发展变化转型期最容易出现问题,这时候往往会有两种倾向:第一,为了在新的人际交往中取悦优势方,而压抑了自我的真实表达;第二,陷入冲突与压力之中,拼命折腾或无能为力。① 在何时需要干预,如何干预,是学校和家庭需要共同谋划的,但无论如何,正视与了解是第一步。

在正视与了解之后,学校可以通过班会、体育课、春秋游的机会策划游戏性的活动。游戏活动对于青少年具有极大的吸引力,更容易全身心地参与。游戏仿佛是婴幼儿的专利,却在青少年成长中被误读或缺位。游戏的作用和意义在前几章中进行过详细的阐述,这里就不再赘述。尤其需要强调的是,学校往往被视为青少年学习的场所,而忽视了它也是青少年重要的游戏场所。学校在传递知识和培养品德的同时,也需要承担为青少年创造游戏活动的工作。游戏活动是青少年自创文化符号得以展示的方式。关注游戏内容的变化也是观察自创文化符号的最佳方式。在此基础上,学校创造性地开发游戏活动,设计出相应的文化主题。

---

① 李晓文:《建构学校文化生态——基于"新基础教育"学生发展工作改革实践的思考》,《基础教育》2010年第5期。

这些游戏活动不仅不会与青少年的学科学习对立，反而能帮助并拓展学科学习的边界。在丰富的游戏活动中，进行更具创造性和想象力的学习，这恰恰是当前的学科学习所欠缺的，是符合青少年年龄特点和发展特征的学习，能够让青少年的发展在学校场域内得以尽情释放和有效干预。

第四节　学校对青少年网络文化的创造性运用

网络文化包括物质层面和精神层面两部分。物质层面主要是指网络文化的物质载体和技术支持，比如相关硬件设备、计算机技术、通信技术等。而精神文化则是网络文化的内核，它既包括社会规范的网络文化，也包括行为模式的网络文化，更包括价值观本质的网络文化。网络的精神文化是网络文化的精髓。从总体上说，网络文化具有虚拟性、开放性、动态性、共享性、多元性和自主性等特征。青少年是网络文化的参与者、创造者、传播者和接受者。

学校对青少年的信息技术支持与服务往往容易停留在第一个层次，即物质层面，因为它最直接、最具有操作性、最触手可及。但通过对青少年自创文化符号的一系列分析可知，既然青少年开始用网络技术来表达他们的意义符号，那么学校的信息技术以及相关教育就不仅要给予青少年超越技术层面的支持，更需要在价值的终极立场上予以关怀，必须肩负起唤醒青少年网络生活精神自觉的使命。网络生活是青少年生活的一部分,是他们重要的生活方式。生活的问题就是意义的问题,符号传递的也是意义,断断续续地表达着青少年的一整套意义系统,是一个涉及思维方式、生活方式和价值观、道德伦理的"大视野"。

在目前我们的网络道德教育中,经常容易出现的问题和走入的误区是,教师以成年人的生活置换了青少年的生活,以自己的评判标准代替了青少年的实际状况。于是青少年感受不到自己的生活,缺乏生活基础的教育,自然会丧失大部分教育的意义,也会显得苍白无力。由此,青少年便会以应付、敷衍的方式进入成年人为他们指定的网络道德规范之中。但高度自由化、开放化的网络是没有标签,更没有入门要求的。青少年不可能被禁锢在教师指定的道德教条里,他们会向形形色色的网络世界中纷纷出逃。他们需要的不是冷冰冰、硬邦邦的规则,而是富含人情味的、带有人文关怀的规则的传递。规则是自上而下的,甚至高高在上的,而规则的传递中有感情、有准则、有关怀、有期待,这才是网络道德教育的理想状态。

游戏为什么令青少年沉迷上瘾?不仅是因为它迎合了青少年的某些心理需要(如情感的荒无、冷落、空虚、好奇等),更重要的是游戏本身有情有趣、可亲可爱。网络文化是人与网络交往的中介,网络生活的文化建构应以文化的方式凸显网络技术的美妙可爱、凸显对人的关怀,以此统一人与网络的关系,既引导网络的发展,又关心人的成长,实现人与网络的和谐共生。由此可见,学校不是要改变网络,也不是要改变青少年的心灵(心理),而是要关照并创建一种崭新的网络存在方式与网络生活方式。在摆正价值观的前提下,让青少年自由地表现自己,感受到自己的存在,感受到自己的价值,只有这样积极健康的价值观才能内化到青少年的思想之中。

为此,学校可以从以下几个方面来关注青少年的网络生活。首先,学校应该尊重、而不是拒斥甚至阻挠青少年的网络行为。在当今的时代背景下,青少年是与网络发展结伴成长的一代,当代青少年作为网络原住民,其生活方式、思维方式无疑深受其影响。与此同时,他们也顺势而为,主动参与到新媒体文化的创作中,引领了一个又一个时代潮流。他们是网络文化和道德建构的主体。而青少年的生活是文化和道德萌发的土壤,他们的网络文化与网络道德源于其每天进行着的网络行为和网络生活。既然网络俨然已成为时代的一部分,成为现实生活的一部分,我们就没有必要、也不应该拒斥甚至阻挠青少年的网络行为,而是应该鼓励和引导青少年积极参与网络生活,进行网络符号与网络文化的创造,并在网络生活中生成并实践道德。其次,学校不仅是指定规训的场所,也是传递社会规范的场所,因此学校要在尊重和鼓励的基础上,充分了解和关注青少年的网络生活体验和情绪感受。对待一些暂时越界的行为不要上纲上线,而是回到事件本身。通过对事件背景的透彻了解与分析,还原青少年的真实需求。最后,学校教育不应仅停留在青少年网络生活的内容上,还需要将网络信息技术教育、网络伦理道德教育、青少年心理健康教育、青少年思想政治教育等结合起来,从行为入手,培养良好的网络生活习惯,并逐渐孕育健康积极的青少年网络文化。

参考文献

［1］班建武:《符号消费与青少年身份认同》,《教育学术月刊》2009 年第 7 期。

［2］白秋阳:《德育生活化的理论建构与支持路径》,《中学政治教学参考》2015 年第 27 期。

［3］[美]尼尔·波兹曼:《娱乐至死》,章艳译,广西师范大学出版社 2004 年版,第 4—10 页。

［4］卜建华、徐凤娟:《网络社会青年信仰泛娱乐化庸俗化风险的"文化景观"与破解策略》,《中国青年研究》2020 年第 1 期。

［5］才立琴:《积极视角下的青少年非主流透视》,《中国青年研究》2010 年第 10 期。

［6］陈琳静:《从"正剧萌化"看青年话语变迁和文化反哺——以〈人民的名义〉为例》,《出版广角》2017 年第 21 期。

［7］陈瑞华:《青年群体的信仰迷失与回归:私人生活空间视角》,《中国青年研究》2020 年第 2 期。

［8］陈思、杨长征:《青少年"流行语"现象调查报告》,《中国青年研究》2003 年第 2 期。

[9] 储昭奇:《文化德育校本架构实施路径》,《思想政治课教学》2016年第10期。

[10] 崔振成:《亚文化:关注青少年道德教育中的另一种文化风格》,《教育科学研究》2013年第9期。

[11] 戴雪红:《自我与他者的永恒辩证——当代西方女性主义伦理论争探究》,《妇女研究论丛》2013年第6期。

[12] 戴军:《德育评价的当代困境与价值选择》,《人民教育》2014年第13期。

[13] 邓蕾:《"重返"文化:青年研究未来发展的进路探寻——国内青少年文化研究前沿报告(2008—2015)》,《中国青年研究》2016年第1期。

[14] 董海军、唐倩倩:《"玩商":一种亟待重视的青少年新能力》,《中国青年研究》2011年第2期。

[15] 方俊、付培:《从重返文化到超越文化转向:走向非文化的青年文化研究》,《中国青年研究》2018年第10期。

[16] 封周奇、白学军、陈叶梓:《人际关系对青少年道德思维方式的影响》,《心理与行为研究》2014年第6期。

[17] 傅功振:《增强文化自信以优秀传统文化引导青年学生》,《中国高等教育》2015年18期。

[18] 高德胜、钟飞燕:《论马克思主义思想政治教育的时代使命》,《东北师大学报(哲学社会科学版)》2020年第2期。

[19] 耿晓梦:《试论人工智能时代虚拟偶像的技术赋能与拟象解构》,《上海交通大学学报(哲学社会科学版)》2020年第1期。

[20] 何威:《二次元亚文化的"去政治化"与"再政治化"》,《现代传播(中国传媒大学学报)》2018年第10期。

[21] 何雪莲:《多元的一元:青少年价值观教育反思》,《教育科学研究》2009年第5期。

[22] 何云竹：《游戏中的幼儿自创符号研究》，《教育科学论坛》2018年第20期。

[23] [荷]约翰·赫伊津哈：《游戏的人：文化的游戏要素研究》，傅存良译，北京大学出版社2014年版，第12—19页。

[24] 黄盈盈、张育智：《青少年隐私研究的方法学综述——以近20年来的"性-爱"主题为例》，《中国青年研究》2016年10期。

[25] 姬广绪：《制造成瘾——青少年网络成瘾的人类学考察》，《思想战线》2019年第6期。

[26] 蒋广学、王志杰：《"互联网+青年教育"的热实践与冷思考》，《中国青年研究》2017年第7期。

[27] 蒋磊：《萌：微时代的审美经验》，《文化研究》2014年第3期。

[28] [美]卡尔·M.卡普：《游戏，让学习成瘾》，陈阵译，机械工业出版社2018年版，第23—28页。

[29] 孔祥渊：《真实与虚拟之间的德育：挑战及应对》，《基础教育》2015年第2期。

[30] 李斌：《论"玩"对青少年健康成长的意义》，《体育文化导刊》2009年11期。

[31] 李琳：《当代青少年责任心的培育途径探析》，《教学与管理：理论版》2014年第9期。

[32] 李晓文：《三探学生的"成长需要"》，《基础教育》2006年第3期。

[33] 李晓文：《依人生发展本性探询德育路径》，载《改革开放与学术发展：重建·创新·贡献》，上海人民出版社2008年版，第529—533页。

[34] 李晓文：《教育，要从学生的成长需要出发——形成于"新基础教育"改革实践的感悟》，《人民教育》2010年第11期。

[35] 李晓文：《建构学校文化生态——基于"新基础教育"学生发展工作改革实践的思考》，《基础教育》2010年第5期。

[36] 李晓文：《寓价值教育于学生主体成长中》，《安徽师范大学学报（人文社会科学版）》2012年第3期。

[37] 李晓文、吴玉如：《儿童潜能发展教学手册——语文整合教学探索》，北京大学出版社2017年版，第2—6页。

[38] 李云云：《网络民族主义视域中的小粉红群体研究》，辽宁大学硕士学位论文，2018年，第35—38页。

[39] 刘海龙：《像爱护爱豆一样爱国：新媒体与"粉丝民族主义"的诞生》，《现代传播》2017年第4期。

[40] 刘迎新：《论政治话语通俗化修辞传播》，《社会科学战线》2016年第9期。

[41] 龙柏林、刘伟兵：《青年群体社会主义核心价值观传播的表情包路径探析》，《青海社会科学》2017年第4期。

[42] 鲁洁：《隐秘流行的美剧为何火爆——美剧在我国青少年中的传播分析》，《中国青年研究》2016年第6期。

[43] 卢家楣、王俊山、陈宇：《我国青少年道德情感现状调查研究》，《教育研究》2010年第12期。

[44] 卢连梅：《网络文化对青少年道德发展的影响》，《中学政治教学参考》2016年第7期。

[45] 陆佳颖、李晓文、苏婧：《教育戏剧：一条可开发的心理潜能发展路径》，《华东师范大学学报（教育科学版）》2012年第1期。

[46] 陆新蕾：《短视频中的网络民族主义初探》，《当代传播》2019年第6期。

[47] 吕卫华：《青少年身体意向的德育解构》，《教育科学》2014年第3期。

[48] 马川：《从"打闹"到"传绯闻"——论自发性异性交往游戏在女生自我发展中的作用及其教育启示》，《上海教育科研》2010年第3期。

[49] [美]简·麦戈尼格尔：《游戏改变世界：游戏化如何让世界更美好》，闾佳译，北京联合出版公司2016年版，第3—9页。

[50] 渺怀斋主人:《腐女次文化之我见》(2010年6月2日),新浪博客,http://blog.tianya.cn/blogger/post_read.asp?BlogID=2946687&PostID=24288389,最后浏览日期:2020年8月23日。

[51] 彭文超:《青少年网络语言倭化问题与应对》,《教育科学研究》2016年第9期,第15—19页。

[52] 宋佳、王名扬:《网络上耽美亚文化盛行的心理学思考》,《黑河学刊》2011年第8期。

[53] 台培森:《以"守规矩""不害人"文化规范重塑青少年法治教育》,《中国教育学刊》2019年2期。

[54] 汤天轶:《机械-中-身体——中日动漫亚文化的网络人类学理论研究》,《探索与争鸣》2016年第10期。

[55] [美]J.瓦西纳:《文化和人类发展》,孙晓玲、罗萌等译,华东师范大学出版社2007年版,第78—85页。

[56] 王峰:《人的文化存在语境下德育创新途径探究》,《中学政治教学参考》2017年第5期。

[57] 王健:《学校生态化德育环境的建构及实践意义》,《小学教学研究》2003年第35期。

[58] 王杰:《今天你"吃鸡"了吗——从网络游戏中挖掘正能量》,《江苏教育》2018年第6期。

[59] 王萍、刘电芝:《"同人女"现象的分析与思考》,《青年研究》2008年第10期。

[60] 王晓帅:《道德情感在知行统一中的中介作用研究》,吉林大学硕士学位论文,2018年,第13—15页。

[61] 汪振军:《电视娱乐化的陷阱——读尼尔·波兹曼的〈娱乐至死〉与〈童年的消逝〉》,《新闻爱好者》2013年第9期。

[62] 韦耀阳:《大学生道德敏感性影响因素及对策》,《现代教育管理》2009

年第 6 期。

[63] [德]克里斯托夫·武尔夫:《人的图像:想象、表演与文化》,陈红燕译,华东师范大学出版社 2018 年版,第 228 页。

[64] 吴霞、王云强、郭本禹:《道德动机动态系统理论:一种道德发展的新科尔伯格取向》,《心理科学》2018 年第 1 期。

[65] 肖巍:《20 世纪关于"女性心理发展"研究的转向》,《妇女研究论丛》2001 年第 2 期。

[66] 解登峰:情感教育视角下青少年网络社会责任感培养》,《中国教育学刊》2017 年第 6 期。

[67] 徐俊:《教育戏剧的定义:"教育戏剧学"的概念基石》,《湖南师范大学教育科学学报》2014 年第 6 期。

[68] 许瑞芳:《文化传统:德育现代化的内源性资源》,《教育理论与实践》2005 年第 3 期。

[69] 肖伟胜:《作为青年亚文化现象的网络语言》,《社会科学研究》2008 年第 6 期。

[70] 杨曼、吕立杰、丁奕然:《小学生中华优秀传统文化认同现状调查及提升策略》,《中国电化教育》2019 年第 6 期。

[71] 杨淑萍、张雅楠:《从自然人到道德人:青少年道德人格生成的省思逻辑》,《教育理论与实践》2018 年第 34 期。

[72] 杨威、谢丹:《习近平语言艺术对新时代思想政治教育话语创新的启示》,《学术论坛》2019 年第 6 期。

[73] 杨亚凡:《道德情境教育中的"旁观者"困境及突破》,《思想政治课教学》2016 年第 1 期。

[74] 杨亚凡、王杰康:《青少年道德教育中的教师权威重构》,《教学与管理》2015 年第 1 期。

[75] 杨雅厦:《动漫文化对青少年成长的影响及对策研究》,《中国青年研

究》2016年第9期。

[76] 阳煜华:《酷文化的新表征:青少年冰雪运动参与的亚文化解读》,《体育与科学》2019年第4期。

[77] 叶澜:《试析中国当代道德教育内容的基础性构成》,《教育研究》2001年第9期。

[78] 叶飞:《道德教育如何引导公共品格建构》,《中国教育学刊》2013年第3期。

[79] 曾炬:《地方历史文化资源融入思想道德教育的路径》,《中学政治教学参考》2016年第21期。

[80] 张宏伟、李晔:《两种道德自我调节机制下的道德行为》,《心理科学进展》2017年第7期。

[81] 张华:《"自创"角色游戏与幼儿主体性培养的实践探索》,《现代教育》2017年第6期。

[82] 张茂聪:《网络文化对我国青少年道德发展的影响》,《山东社会科学》2012年第1期。

[83] 张茂聪、王培峰:《网络交往伦理:青少年网络道德教育的新视域》,《教育研究》2007年第7期。

[84] 张巍:《回归生活的德育》,《思想政治课教学》2016年第9期。

[85] 张旭东、孙宏艳、赵霞:《从"90后"到"00后":中国少年儿童发展状况调查报告》,《中国青年研究》2017年第2期。

[86] 赵飞:《传统节日德育课程资源的开发》,《教学与管理:理论版》2016年第5期。

[87] 赵佳丽、罗生全:《论学校实践性德育课程体系构建》,《教育理论与实践》2015年第7期。

[88] 赵菁:《爱国动漫〈那兔〉粉丝群像与"二次元民族主义"》,《文艺理论与批评》2019年第5期。

［89］赵毅衡：《艺术与游戏在意义世界中的地位》，《中国比较文学》2016年第2期。

［90］周家华：《树立高度的文化自信——从青少年出版产品的精神塑造谈起》，《出版发行研究》2015年第1期。

［91］周全胜、朱茂程：《素质教育视阈下青少年思想政治教育与德育的衔接问题研究》，《高教探索》2016年第8期。

图书在版编目(CIP)数据

隐秘的世界:青少年自创文化符号的道德引导/马川著. —上海:复旦大学出版社,
2021.6
ISBN 978-7-309-15566-2

Ⅰ.①隐… Ⅱ.①马… Ⅲ.①青少年-文化研究 Ⅳ.①C913.5

中国版本图书馆 CIP 数据核字(2021)第 054283 号

隐秘的世界:青少年自创文化符号的道德引导
马 川 著
责任编辑/赵楚月

复旦大学出版社有限公司出版发行
上海市国权路 579 号　邮编: 200433
网址: fupnet@fudanpress.com　http://www.fudanpress.com
门市零售: 86-21-65102580　团体订购: 86-21-65104505
出版部电话: 86-21-65642845
上海崇明裕安印刷厂

开本 890×1240　1/32　印张 6.375　字数 121 千
2021 年 6 月第 1 版第 1 次印刷

ISBN 978-7-309-15566-2/C·408
定价: 38.00 元

如有印装质量问题,请向复旦大学出版社有限公司出版部调换。
版权所有　侵权必究